W0210240

Ministerio de Educación y Ciencia

Ediciones Morata, S.A.

Colección: PEDAGOGIA
Educación infantil y primaria

Educación física, movimiento y *curriculum*

Por

PETER J. ARNOLD

Traducido por:

GUILLERMO SOLANA

Obras que componen la Colección
EDUCACION INFANTIL Y PRIMARIA

(coedición EDICIONES MORATA, S. A. y
MINISTERIO DE EDUCACION Y CIENCIA):

1. **Zimmermann, D.:** *Observación y comunicación no verbal en la escuela infantil.*
2. **Oléron, P.:** *El niño: su saber y su saber hacer.*
3. **Loughlin, C. y Suina, J.:** *El ambiente de aprendizaje: diseño y organización.*
4. **Browne, N. y France, P.:** *Hacia una educación infantil no sexista.*
5. **Selmi, L. y Turrini, A.:** *La escuela infantil a los tres años.*
6. **Selmi, L. y Turrini, A.:** *La escuela infantil a los cuatro años.*
7. **Saunders, R. y Bingham-Newman, A. M.:** *Perspectivas piagetianas en la educación infantil.*
8. **Driver, R., Guesne, E. y Tiberghien, A.:** *Ideas científicas en la infancia y la adolescencia.*
9. **Harlen, W.:** *Enseñanza y aprendizaje de las ciencias.*
10. **Selmi, L. y Turrini, A.:** *La escuela infantil a los cinco años.*
11. **Bale, J.:** *Didáctica de la geografía en la escuela primaria.*
12. **Tann, C. S.:** *Diseño y desarrollo de unidades didácticas en la escuela primaria.*
13. **Willis, A. y Ricciuti, H.:** *Orientaciones para la escuela infantil de cero a dos años.*
14. **Orton, A.:** *Didáctica de las matemáticas.*
15. **Pimm, D.:** *El lenguaje matemático en el aula.*
16. **Moyles, J. R.:** *El juego en la educación infantil y primaria.*
17. **Arnold, P. J.:** *Educación física, movimiento y curriculum.*
18. **Graves, D. H.:** *Didáctica de la escritura.*
19. **Egan, K.:** *La educación en la escuela infantil.*
20. **Hargreaves, D. J.:** *Los niños y la expresión artística.*

PETER J. ARNOLD

Educación física, movimiento y *curriculum*

Ministerio de Educación y Ciencia
Centro de Publicaciones
Ciudad Universitaria, s/n.
28040 - Madrid

Ediciones Morata, S. A.
Fundada por Javier Morata, Editor, en 1920
Mejía Lequerica, 12
28004 - Madrid

Título original de la obra:
EDUCATION, MOVEMENT AND THE CURRICULUM

Authorized translation from English language edition
Published by Ediciones Morata, S. A.

Mejía Lequerica, 12. 28004 - Madrid
y
Centro de Publicaciones del
MINISTERIO DE EDUCACION Y CIENCIA
Ciudad Universitaria, s/n. 28040 - Madrid

Depósito Legal: M-42.288-1990
ISBN: 84-7112-348-7

NIPO: 176-90.037-1
Tirada: 3.000 ejemplares
Compuesto por: Artedita
Printed in Spain - Impreso en España
Imprime: LAVEL. Humanes (Madrid)
Dibujo de la cubierta reproducido de la edición inglesa, con permiso de The Falmer Press.

CONTENIDO

Dedicado a Jane, Louise y Clare

PROLOGO Y AGRADECIMIENTOS

Los temas incluidos en este libro provienen, generalmente, de conferencias impartidas a estudiantes de educación física como parte de su preparación profesional para convertirse en profesores. El propósito de este curso de conferencias, quizá hoy todavía más necesario, era lograr que los alumnos reflexionasen con claridad sobre el lugar que las actividades físicas ocupan en el *curriculum* y sobre qué base, si es que existe, pueden justificarse. La mayoría de los estudiantes consiguieron advertir que poner en claro el *qué* y el *por qué* de aquello que tratamos de hacer no sólo contribuía a una elaboración práctica de decisiones a la hora de planificar las clases, sino a la formulación de argumentos coherentes respecto al valor de la materia cuando abandonasen el centro de formación y se integraran en los departamentos escolares de danza o educación física. Serán pocos quienes nieguen que, en un futuro próximo, proseguirá la demanda de justificación (y la capacidad de proporcionar una exposición razonada de un curso). Confío en que *Educación física, movimiento y curriculum* suponga una ayuda no sólo en esos necesarios empeños sino también en el logro de una noción de "profesionalidad" más amplia de lo que a veces se requiere.

En el citado curso, y como resultado de los trabajos y de debates en los seminarios, se suscitaron numerosas cuestiones importantes. Me siento agradecido a varias generaciones de alumnos por la ayuda que me han proporcionado en el esclarecimiento de mis propios pensamientos a través de sus dificultades, observaciones perceptivas y preguntas.

También estoy en deuda con cierto número de centros que tuvieron la amabilidad de leer y comentar uno o más capítulos del borrador de esta obra. A este respecto, quiero dar especialmente las gracias a Christine Macintyre y a Phyllis Early por haber formulado algunas sugerencias útiles. Me siento además reconocido a Eddie Still, asesora principal de Educación física de Lothian* por haber examinado con tanta meticulosidad los últimos tres capítulos, aportando diversas mejoras.

Algunos capítulos de este libro son versiones revisadas o modificadas de artículos anteriormente publicados y quiero dar las gracias a las siguientes revistas por haber autorizado su inclusión; *The Journal of Aesthetic Education; Journal of Moral Education; Journal of the Philosophy of Education; Journal of the Philosophy of Sport; Physical Education Review* y *Quest.*

Gracias también al personal de la biblioteca del *Dunfermline College* (ahora parte del *Moray House College*) por su constante ayuda en la localización y obtención, cuando así lo solicité, de libros y artículos de otras instituciones.

Es ocioso decir que, al margen de la generosa ayuda que he obtenido, soy responsable de cualquier error que pueda existir.

Peter J. ARNOLD

*Región del Sudeste de Escocia, creada por la reorganización administrativa de 1975. *(N. del T.)*

INTRODUCCION

Durante las tres o cuatro últimas décadas ha progresado considerablemente la tarea de afirmar a la filosofía de la educación no sólo como legítimo campo de estudio, en sí mismo, sino además como elemento importante de la preparación profesional de los docentes. Son pocos, sin embargo, las universidades o centros docentes interesados por la "educación física" o por el "movimiento", como prefiero decir*, que proporcionen cursos filosóficamente adecuados o apropiados para los jóvenes profesores que inician su carrera en esta rama de la educación. Este libro trata de llenar ese vacío.

Aunque en los últimos años se ha observado un interés creciente por cursos referidos a la "filosofía del deporte", éstos, como muchos dedicados a "psicología de los deportes" o "sociología de los deportes" apenas, o en ningún caso, intentan relacionarlos, de un modo deliberado y estructurado, con las actuales cuestiones y preocupaciones educativas. Algunos autores han reconocido la importancia de esta tarea (ARNOLD, 1979b; DAVIS, 1961; HARPER y cols. 1977; SHEA, 1978; ZEIGLER, 1964 y 1978) pero nadie del modo en que se considera en esta obra.

---

*Aunque el autor prefiere utilizar movimiento a educación física (véase nota 1 de la página 19), incluimos en el título de la versión española Educación física (y no sólo Educación como la ed. inglesa) porque en España estos términos son más claros y comprensibles en relación al concepto que implica. *(N. del E.)*

Han trazado más bien los parámetros de lo que resulta necesario o apuntado las posibilidades de un enfoque de "ismos"[1] o abordado un aspecto de lo que se requiere, pero ninguno ha acometido el necesario y detallado trabajo analítico para sustentar o mantener una determinada posición justificable. El propósito de este libro consiste en intentar esa tarea. Así pues, su finalidad consiste en explorar filosóficamente la relación entre el concepto de educación y el de movimiento y ver las consecuencias que ello tiene para el profesor y para la planificación del *curriculum* y su evaluación. Lo que se pretende no es sólo proporcionar una base sólida a los cursos impartidos y un debate sobre el lugar de las actividades del movimiento en el contexto de la vida escolar, sino que tenga una utilidad práctica a la hora de tomar decisiones sobre qué, cómo y por qué debe enseñarse. Contenido, proceso y justificación son partes integrantes de un enfoque filosófico de los problemas educativos.

Pero puede preguntarse: ¿Qué es la filosofía de la educación? ¿Cuál ha de ser su misión? Hablando en términos generales, podría decirse que la filosofía de la educación aborda las ramas ya reconocidas de la filosofía como la epistemología, la ética, la estética y la filosofía de la mente, y las integra de manera que resulten relevantes para las cuestiones de la educación. "Es simplemente filosofía", como ha señalado LANGFORD (1968), "pero con una mirada dirigida a las prácticas y los problemas de los que están inmersos en o se interesan por la educación; de igual modo que la psicología de la educación es simplemente aquella parte de la psicología que resulta relevante para la educación" (pág. 14). A la filosofía de la educación concierne sobre todo la significación de la educación y el modo en que cabe justificar lo que está implícito o postulado en el término. La naturaleza y el propósito de la educación es, desde luego, cuestión perenne y espinosa que no cabe disociar fácilmente de los valores e ideologías predominantes en la sociedad. Sin embargo, pocas serían las personas en el Occidente liberal que quisieran poner en tela de juicio la opinión según la cual la educación basada en la escuela debe contribuir a promover el desarrollo del individuo como persona a través de las actividades del aprendizaje y de la enseñanza. Pero, incluso si se acepta, este amplio esbozo de la "signi-

---

[1] Aquí se hace referencia a grandes orientaciones como naturalización, idealismo, realismo, pragmatismo y existencialismo. Véase, por ejemplo, Zeigler (1964 y 1978).

ficación" de la educación suscita posteriores interrogantes como las siguientes: ¿Cómo puede desarrollarse mejor? ¿A qué clase de desarrollo nos referimos? ¿Cuáles son los métodos que deberían adoptarse? Está claro que cualquier concepto adecuado de la educación debe proporcionar, al menos, unas orientaciones que respondan a estas preguntas y a otras semejantes. En su análisis de la educación, PETERS (1966) formula unos criterios que estima implícitos en los casos centrales de "educación" (pág. 45). En su forma abreviada son:

(I) que la "educación" supone la transmisión de algo que resulta valioso...
(II) que la "educación" debe suponer un conocimiento y una comprensión...
(III) que la "educación" descarta, al menos, algunos procedimientos de transmisión, sobre la base de que carecen de intencionalidad y de voluntariedad por parte del que aprende.

En general, los criterios de educación proporcionados por PETERS parecen útiles y bastante simples. Seguramente el desarrollo individual se halla centrado en la transmisión del conocimiento y de la comprensión. No obstante, la pregunta que se suscita es a qué clase de conocimiento y de comprensión se refiere aquí. Como veremos en el Capítulo II, es posible interpretar el conocimiento en un sentido estrictamente intelectualista. Por otra parte, puede ser ampliado para incluir un conocimiento práctico del modo de hacer o de realizar con éxito, y con arreglo a ciertas normas, actividades físicas. Ciertamente, también tiene razón PETERS al caracterizar la educación tanto en términos del tipo de procedimientos adoptado como de lo que debe enseñarse. Lo que aquí importa es que sólo se consideran como apropiados para la educación los procedimientos moralmente aceptables. Otros métodos, que son a menudo formulados en nombre de la educación, como ejercitación, adiestramiento, condicionamiento y adoctrinamiento, resultan inaceptables, en buena parte porque son limitadores o inmorales en el sentido de que no otorgan al que aprende el respeto debido. Es precisamente este respeto de una persona por otra lo que debe constituir parte de todas las situaciones educativas. Este punto tiene importancia, sobre todo en el deporte y en el modo en que es enseñado y aprendido. Será examinado con amplitud en los Capítulos III, IV y V, que se refieren, respectivamente, al desarrollo del carácter, al significado de la deportividad y al problema de la competición. El propósito central de estos temas es aclarar algunas de las cuestiones y ver cómo y en qué grado, si cabe, pueden ser reconciliadas con el concepto de educación. Por lo que sé, ningún libro ha intentado hasta ahora esta tarea. Debe advertirse que, si bien las referencias empleadas proceden principalmente de textos británicos y norteamericanos, las interrogantes suscitadas son, por su naturaleza, universales.

Es preciso referirse a un punto específico que surge de la caracterización de la educación por parte de PETERS. Consiste en que las actividades efectuadas deben poseer un valor intrínseco y han de realizarse por sí mismas más que por alguna razón externa a ellas. Este punto será explicado en el Capítulo Primero, sobre "propósitos y objetivos", y desarrollado posteriormente en todos los siguientes, incluyendo aquellos (VI y VII) referidos al deporte y la danza en su relación con la estética y la educación estética, y específicamente analizado en términos del *curriculum* del movimiento y su evaluación en los Capítulos VIII, IX y X. Lo que debería estar claro es que, a los fines de este libro, en parte para reducir su alcance y en parte para que sea posible modificar y ampliar lo que puede describirse como el "conocimiento con una visión ética de la educación", considero que la educación constituye una iniciación de los alumnos en aquellas tareas de un tipo "académico" y "físico" valiosas en sí mismas y de una manera moralmente defendible.

Se advertirá que, si bien la educación es (o debiera ser) la función principal de la escuela, los términos "educación" y "escolarización" no son en modo alguno sinónimos. La escolarización posee una connotación más amplia que la educación, en especial cuando la segunda se emplea como anteriormente en un sentido más evaluativo que descriptivo. La escuela está entonces interesada en gran medida en la educación pero no se limita a ello. Se interesa y se compromete también con otros aspectos necesarios y/o deseables de la vida y de la formación, como la salud, la formación profesional y la preparación para las responsabilidades cívicas. Lo que hay que destacar aquí es que la escolarización se interesa por más cosas, y con buenas razones, que la simple educación. La educación no es, ni puede ser, el criterio único para lo que debe impartirse en las escuelas. Existe a menudo justificación para enseñar cosas por buenas razones instrumentales, así como por criterios de valor intrínseco. La cuestión posee una importancia clave y debe tenerse en cuenta cuando se debatan los objetivos del *curriculum* del movimiento porque contribuirá a aclarar las diferencias entre los objetivos del movimiento como una forma de educación y otros objetivos del *curriculum* del movimiento que forman parte legítima de la escolarización. Debe señalarse que este libro, aunque destaque la distinción entre unos y otros, sólo se interesa por la explicación de los primeros.

Si puede aceptarse que la educación se aproxima a lo ya esbozado, se deduce que el movimiento, como un aspecto de la educación, debe estar incluido, si han de preservarse coherencia y consistencia, dentro de sus amplios parámetros. ¿Pero qué es el movimiento desde un ángulo más específico? ¿Y cómo se relaciona o debería relacionarse con la educación? Para evitar interpretaciones erróneas hay que aclarar que esto no debe confundirse o tomarse por lo que, primero en Gran Bretaña y después en los Estados Unidos, ha llegado a conocerse como "educación del movimiento", que en buena parte procede de los temas sobre cualidades del esfuerzo y el movimiento originariamente desarrollado por Rudolf LABAN (1963) y que, desde entonces, han sido sistematizados dentro de un enfoque docente por autores como MORRISON (1969) y NORTH (1973) y más recientemente por LONGSDON y BARRETT y sus colegas (1984). Por el contrario, el concepto de movimiento, tal como propongo utilizar el término, fue primero explicado por quien escribe en 1973 (ARNOLD, 1973) y, desde entonces, ha sido objeto de diversas actualizaciones (ARNOLD, 1979 y 1980). El Capítulo VIII debe considerarse como una modificación posterior. Lo que resulta característico en el concepto de movimiento es que posee tres dimensiones diferenciables pero interrelacionadas: "acerca de", "a través de" y "en". Dicho brevemente, el movimiento se relaciona con la educación, la escolarización y el *curriculum* de estas tres diversas maneras. La primera dimensión del movimiento, "acerca de", se interesa por el desarrollo de un conocimiento de base disciplinaria y una comprensión de las actividades físicas porque se las considera en sí mismas de interés y valor. La segunda dimensión del movimiento, "a través de", se interesa por el empleo instrumental de las actividades físicas en la promoción de unos objetivos educativos diferentes de los propios (por ejemplo, el aprendizaje de las matemáticas) así como de otros fines deseables. La tercera dimensión del movimiento, "en", se interesa por la iniciación de los alumnos en una familia culturalmente valorada de tareas físicas (a las que por conveniencia en términos del *curriculum* de la escuela se denomina colectivamente Movimiento), de modo que lleguen a "saber cómo" participar con éxito en esas tareas, interesarse por ellas y disfrutar por lo que son. Lo que resulta importante advertir en este Modelo Tridimensional del *Curriculum* del Movimiento, como lo denominaré, es que su marco conceptual es tal que permite la planificación tanto de los elementos educativos del movimiento (dimensiones una y tres) como los propósitos deseables y a la vez utilitarios de la escolarización, como la buena forma física, la socialización y la preparación para un empleo saludable del tiempo de ocio (dimensión dos), sin las ambigüedades, dificultades y confusiones que caracterizan a muchos otros modelos de *curriculum*. Una gran ventaja del Modelo Tridimensional del *Curriculum* del Movimiento es que reconoce y distingue la diferencia entre las razones intrínsecas y las extrínsecas para hacer algo. Al obrar así, supera la ambivalencia y la contradicción que están asociadas frecuentemente al término "educación física".

CAPITULO PRIMERO

Educación: valores, propósitos y objetivos

El propósito de este libro es explorar y aclarar la relación entre educación y el estudio, la práctica y el empleo de ese conjunto de actividades físicas compuesto por juegos, natación, danza, atletismo, gimnasia, ejercicios al aire libre, etc., a la que denominaré colectivamente "movimiento"[1].

Con objeto de proporcionar una perspectiva a cuanto sigue, este primer capítulo aclarará, en la medida de lo posible, cuál es la posición que se adopta respecto de la educación y cómo se relaciona con ella la cuestión de los valores, propósitos y objetivos.

Sentidos descriptivo y evaluativo de la educación

La educación puede ser entendida en uno de dos sentidos principales: descriptiva o evaluativamente. Una exposición descriptiva de la educación es un intento de dar cuenta de *cómo son las cosas* en el momento actual sin que necesariamente se

---

[1]Prefiero el término Movimiento al de Educación Física, no sólo en razón del dualismo tácitamente admitido en este último término (es decir educación "física" como opuesta a la educación "mental") sino también porque, como concepto, nos permite ir, si fuera necesario, más allá de la educación, término al que "educación física" está (o debería estar) lógicamente ligado.

formulen juicios de valor. Así es posible describirla como "el proceso por el cual el individuo adquiere las numerosas capacidades físicas y sociales que le exige el grupo en el que ha nacido y dentro del cual debe desenvolverse" (ANDERSON y cols. 1968, págs. 12-15). Por otro lado, una exposición evaluativa de la educación es aquella que se constituye como un intento de estimar y formular juicios respecto al *modo en que deberían ser las cosas* en vez de cómo son. Debe tenerse en cuenta a partir de aquí que limitaremos nuestra atención a esta exposición segunda o evaluativa. Existe entonces en la educación un interés implícito por aquello que resulta valioso.

Educación y valores

Un modo de intentar analizar cómo están relacionados educación y valores consiste en formular la pregunta: "¿qué valor o valores son los más apropiados para educarse?" Una pregunta posterior podría ser: "¿qué valor o valores tienen más importancia?"

Enfrentados con preguntas de esta trascendencia, no es raro que los filósofos[2] recurran a valores como:

(I) felicidad y su búsqueda;
(II) conocimiento y su adquisición;
(III) virtud moral y su desarrollo;
(IV) autorrealización y su profundización.

Abundan las teorías sobre el modo en que estos valores se relacionan entre sí y sobre cuál podría ser superior a todos los demás. ¿El conocimiento y la virtud moral se hallan, por ejemplo, subordinados a la felicidad? ¿Es posible afirmar que todos estos valores pueden ser considerados como fines sin necesidad de elegir cuál ha de imponerse a los demás?

La posición adoptada respecto a tales valores es lo que determina, en buena medida, nuestra visión de lo que debe acometerse en nombre de la educación. Los conceptos de la educación están cargados invariablemente de valores y reflejan una visión particular respecto a lo que es valioso y a lo que debería hacerse

[2]Para posteriores lecturas sobre estos valores o teorías de "bondad" véase Hospers (1967, págs. 580-595), Véase también su *Human Conduct* (1985).

en las escuelas. Por esta razón son *prescriptivos*. Dan a entender, si no lo declaran abiertamente, cuáles son los contenidos y cuáles los métodos que deberían adoptarse para que de ello resultase la educación[3].

Antes de volver a decir algo más acerca de la educación en relación con estos valores, sería útil, para evitar posibles equívocos, distinguir entre valores intrínsecos y extrínsecos.

Valores intrínsecos e instrumentales de la educación

En los debates sobre la educación se plantea la cuestión de si es valiosa en sí misma o sólo en el grado en que sirve a algún propósito instrumental más allá de aquello que se realiza. Por expresarlo de otra manera: "¿es la educación buena como fin en sí mismo o sólo como medio de servir a otros fines marginales?"

Examinemos primero la segunda posibilidad. Si la educación fuese sólo buena como un medio de servir a fines marginales, sus resultados o *consecuencias* sólo serían "buenos", "malos" o "neutros" conforme a la naturaleza de los fines estimados. La educación, si se la considera sólo como un instrumento para realizar fines extrínsecos a ella misma, podría servir virtualmente a cualquier fin asignado, tanto si se trata de la formación profesional o de la cívica, de la producción industrial, de la lucha de guerrillas, del adoctrinamiento político, de prejuicios raciales o del cultivo de las destrezas requeridas por un marqués de Sade. En cada uno de estos casos sería posible desplazarse en la dirección del objetivo elegido mediante la selección de las materias apropiadas y la adaptación de aquellos métodos que se estimase podrían lograr lo que se pretende del modo más eficaz posible.

El movimiento, como otras materias, puede utilizarse para fines políticos, sociales o económicos. En su libro *Ends and Means*, HUXLEY (1969, págs. 187-188), demuestra entenderlo muy claramente. Al referirse por ejemplo al deporte, señala:

> Como cualquier otro instrumento inventado por el hombre, el deporte puede utilizarse con buenos o malos propósitos. Bien aplicado, puede

---

[3]Dos libros recientes que respaldan las afirmaciones generales aquí formuladas son los de Bigge (1982) y Ozman y Craver (1981). Para un buen estudio de los propósitos educativos en una sociedad democrática, véanse Peters (1963, págs. 32-50) y Dewey (1916). Para un resumen actualizado de la relación entre propósitos, valores y educación, véase Garforth (1985).

enseñar resistencia y estimular un sentimiento del juego limpio y un respeto por las reglas, un esfuerzo coordinado y la subordinación de los intereses personales a los del grupo. Mal utilizado, puede estimular la vanidad personal y la del grupo, el deseo codicioso de victoria y el odio a los rivales, un espíritu corporativo de intolerancia y un desdén por aquellas personas que se encuentran más allá de un cierto rol arbitrariamente seleccionado.

Prosigue:

El deporte puede ser o bien una preparación para la guerra o, en cierta medida, un sustituto de ésta; un adiestramiento de belicistas potenciales o de pacifistas en potencia; una influencia educativa para la formación de militaristas o de hombres que estén dispuestos y que sean capaces de aplicar los principios del pacifismo en cada actividad de la vida.

Si la educación fuese concebida de este modo puramente "funcional" podría ser considerada simplemente como un medio y carecer de cualquier contenido específico propio o de cualesquiera procedimientos característicos que fuesen en sí mismos valiosos. Por esa razón tendría que ser abandonada la idea de educación como concepto evaluativo.

Pero fines y medios en educación no deben ser considerados de esta manera instrumental. Por el contrario, es posible contemplar la educación como poseedora de sus propios "fines" y "medios", ambos considerados intrínsecamente valiosos e integrantes del proceso educativo en el que una persona está inmersa. Tanto DEWEY (1916) como PETERS (1963) insisten en que la educación no debe estimarse primariamente como una instrumentalidad para el logro de ninguna meta o fin externo. Sostienen, en cambio, que la educación, como concepto y como actividad, está cargada de valores y va dirigida a éstos. Aunque, para DEWEY (1916, págs. 89-90), la educación se interesa predominantemente por la "reconstrucción o reorganización de la experiencia que se suma a la significación de ésta y que incrementa la capacidad de orientar el curso de una experiencia posterior" y para PETERS (1966) la educación se interesa fundamentalmente por el conocimiento y la comprensión, ambos coinciden en señalar que cuanto se haga con relación al contenido y al procedimiento debe ser intrínsecamente valioso. Mientras que DEWEY (1916, pág. 109) afirma que "ningún estudio o disciplina es educativo a menos de ser valioso en su propio haber inmediato" y PETERS (1963, págs. 144-146) habla de "actividades significativas" que son valiosas en sí mismas, está claro que cada uno estima que la educación no merece este nombre si se reduce a un medio que sirva a unos fines fuera de sí misma.

Lo que se sostiene es que la educación comprende (o debería comprender) actividades y procedimientos intrínsecamente valiosos. Por esto se entiende lo que a veces se afirma: que tanto la materia como el método se convierten en fines y que al método no se le considera simplemente como un medio de promover la materia. En otras palabras, la educación como concepto evaluativo se interesa tanto por la *manera* de hacer como por el contenido de *lo* que se hace. Después veremos que, en educación, no existe disociación entre fines y medios porque los medios, o procedimientos intrínsecamente valiosos, son fines en la misma medida que las actividades seleccionadas. Debe advertirse que tanto para DEWEY (1916) como para PETERS (1981b) existe una estrecha relación entre los procesos de educación y la naturaleza de la democracia.

Lo que emerge de este debate sobre fines y medios en relación con los valores educativos es esto: que los valores de la educación están relacionados con la promoción tanto de actividades intrínsecamente significativas como de procedimientos intrínsecamente significativos. *Contenido* y *procedimientos* son igualmente fines y medios de la educación. Juntos constituyen un modo de vida que posee su propia integridad.

Educación: propósitos, objetivos y resultados

Como se ha indicado, la cuestión de los valores en educación suscita la cuestión de los propósitos. Los propósitos están determinados por lo que se valora y el orden de prioridad asignado a las evaluaciones. Puede decirse que los valores proporcionan autorización y contenido a los propósitos. Dispensan el punto de referencia para formular juicios respecto a cuanto se ha logrado. A menudo, los propósitos educativos son mencionados de dos modos principales:

(I) Frecuentemente se les cita en relación con los fines que se consideran deseables.

(II) Se les cita también a menudo en relación con contextos (por ejemplo, el aula o el gimnasio) en donde se estima importante lograr que las personas (profesores, alumnos) especifiquen con mayor claridad lo que tratan de hacer.

Generalmente los propósitos son útiles en cuanto que proporcionan direcciones en términos de concentración y de esfuerzo hacia unos objetivos que no resultan demasiado palpables o que no están muy próximos. Los propósitos indican también, como señala PETERS (1973, pág. 14), la posibilidad de fracaso o carencia en algún aspecto.

En educación los *objetivos* deberían considerarse lógicamente relacionados con los propósitos. Pueden estimarse como otros tantos puntos de apoyo relevantes en el camino hacia la consecución de un propósito. Los objetivos en relación con los propósitos son más inmediatos, más específicos, más tangibles y más accesibles. Se interesan por hacer prácticos los propósitos.

En palabras de TABA (1962), la función principal de los objetivos consiste en "guiar la realización de las decisiones del *curriculum* sobre qué hay que abarcar, qué hay que destacar, qué contenido seleccionar y en qué experiencias de aprendizaje insistir" (pág. 197).

Los objetivos en educación son quizá mejor concebidos como hitos intermedios en el camino de la realización de fines intrínsecamente deseables. Por lo común, deberían ser realistas y determinar una escalada progresiva hacia un aprendizaje eficaz. Si, por ejemplo, se considera el fútbol como una "actividad significativa", entonces sus destrezas constituyentes se convertirán en objetivos necesarios en su enseñanza.

El término de *resultado* alude al efecto o a las consecuencias de una forma específica de aprendizaje o de enseñanza. Un resultado puede hallarse o no acorde con aquello que se pretendía. En el marco de una buena enseñanza lo que se fije como objetivo de aprendizaje coincidirá con lo que se obtenga. Cuando se logra un objetivo formulado, la consecuencia es un *resultado pretendido.* Sin embargo, existen ocasiones en que es posible que un determinado resultado no coincida con el objetivo fijado. Un *resultado no pretendido* es algo que surge o se origina del aprendizaje, pero que puede no estar de acuerdo con el objetivo formulado. Los resultados no pretendidos pueden ser buenos o malos. O contribuyen al aprendizaje o lo obstaculizan; tienen un efecto positivo o negativo. La enseñanza de una determinada estrategia de juego, por ejemplo, puede conducir fortuitamente a una sensación de camaradería o a un lamentable estallido de conducta antisocial.

En la "educación física", como sucede a veces en otras materias, existe una confusión considerable en cuanto al entendimiento de la relación entre propósitos, objetivos y resultados. En la *School's Council Enquiry* (Investigación del Consejo Escolar)[4] (véase Tabla 1) sobre educación física, por ejemplo, que se realizó para descubrir detalles sobre las prácticas actuales con objeto de mejorar el futuro desarrollo del *curriculum*, se averiguó que existía una diferencia considerable entre lo que los profesores consideraban *objetivos* y lo que estimaban como los *resultados* más importantes de su trabajo. La Tabla 1 revela algo del problema.

Tabla 1. ***Objetivos del programa de educación física (hallados en los textos y clasificados según las opiniones de los profesores)***

Rango para hombres		Rango para mujeres
6	Estabilidad emocional	3
3	Autorrealización	2
1º	Ocupaciones del tiempo libre	4
7	Competencia social	6
5	Desarrollo moral	5
4	Desarrollo orgánico	8
2	Destrezas motrices	1º
9	Apreciación estética	9
8	Desarrollo cognitivo	7
	Efectos más importantes sobre los alumnos a juicio de los profesores y por orden de importancia	
a)	Conciencia y responsabilidad sociales	
b)	Desarrollo general físico	
c)	Conciencia de sí mismo	
d)	Capacidad general motriz	
e)	Interés general en la escuela	
f)	Juicio cognitivo.	

[4] Véase Kane (1976, págs. 78 y 90).

Lo que resulta de especial interés es el fracaso a la hora de establecer una distinción significativa entre propósitos amplios (o valores) como "autorrealización", por ejemplo, y formas más específicas de conducta como "destrezas motrices". Incluso en el caso de "destrezas motrices", es necesario aclarar *qué* destrezas motrices vale la pena cultivar. Adquirir simplemente estas destrezas, sin referencia al "contexto" o "propósito" nos dice poco. La indicación resulta demasiado vaga. En ausencia de contexto y de propósito es improbable lograr siquiera una justificación para que sean impartidas. También se plantea la cuestión de si muchos de los elementos después relacionados, por ejemplo, "estabilidad emocional" y "competencia social" son más interesantes para el movimiento que otras materias como la representación o la música. ¿Puede evidenciarse, siquiera en un plano instrumental, que las actividades físicas resultan más eficaces que otras para el logro de esos "objetivos"? ¿Deberían ser considerados en cualquier caso tales objetivos como apropiados para la educación o tendrían que estimarse como resultados beneficiosos pero fortuitos?

¿Puede mostrarse además que si objetivos como "desarrollo moral" o "apreciación estética" se relacionan lógicamente con tales actividades del movimiento como "deporte" o "danza", es posible deducir que así sucede igualmente con la generalidad de las actividades del movimiento? La respuesta a esta pregunta es con seguridad "no". No ocurre así ni puede esperarse razonablemente que suceda de este modo. Mientras que puede decirse, por ejemplo, que los objetivos estéticos resultan apropiados en la danza porque ésta se interesa básicamente por la estética, no podría afirmarse lo mismo del *rugby*. Lo que es preciso entender es que el movimiento, como otras materias del *curriculum* escolar, tiene que declarar con más validez y precisión cuáles son sus objetivos, mostrar cómo y de dónde proceden y relacionarlos con aquellas actividades individuales que colectivamente los comprendan. Sólo una vez concluida esta tarea puede abordarse la naturaleza distintiva y general de la contribución del movimiento a la educación. La asistencia en este empeño es una de las primeras tareas del análisis filosófico. A primera vista, su papel puede parecer modesto pero, de hecho, presenta una importancia crítica porque, si no se practica con cuidado y justificación, toda la base para la inclusión del movimiento en el *curriculum* se convierte en un lodazal de afirmaciones indiferenciadas y de tesis no comprobables. Los capítulos siguientes pueden considerarse como un paso adelante en esta dirección.

La educación como iniciación

Volviendo a la cuestión de los valores en relación con la educación, se ha generalizardo entre los filósofos de la tradición analítica criticar preocupaciones últimas como "felicidad" o "autorrealización" en cuanto a su utilidad basada en la escuela y apoyándose en dos puntos principales. En primer lugar, se las considera nociones muy vagas e indeterminadas y que, consecuentemente brindan escasa orientación sobre qué actividades deberían emprenderse o qué procedimientos tendrían que adoptarse. En segundo lugar, aunque se pudiera llegar a coincidir en alguna especie de programa, éste sería juzgado sobre todo por su valor utilitario y no en razón de lo que intrínsecamente supusiera. Una justificación de la educación que supera las críticas suscitadas sobre la aceptación de valores como "felicidad" o "autorrealización" como base para la educación es aquella a la que denominaré visión de "iniciación". Esta ha sido formulada predominante y conjuntamente por las obras de P. H. HIRST y R. S. PETERS (1970). Los valores que constituyen la esencia del análisis de la educación son los del conocimiento y la moralidad. Se les considera, especialmente quizá durante los años de formación, como más apropiados así como entidades más tangibles con las que tratar. Además lo que se defiende es su valor intrínseco y lo que constituye el centro de lo que se considera educación es su ejemplificación de *qué* y *cómo* se hace. Afirman, en suma, que la educación se interesa por la transmisión de lo que es valioso de manera que resulte moralmente aceptable. PETERS (1966) posee varios criterios para tratar de determinar lo que es "valioso" pero brevemente señala que esto puede estar asociado con el conocimiento en la forma de empeños intelectuales en razón de: *a*) su amplio contenido cognitivo y *b*) su capacidad para contribuir a la calidad de vida[5]. "El propósito general de la educación", declara (1981b, pág. 81), "es lograr que los niños *se introduzcan* en las actividades y formas de conciencia que caracterizan lo que podríamos llamar una forma civilizada de vida".

[5]A la hora de preguntarse si los "propósitos intrínsecos" son o no los únicos válidos para la educación, consúltese a White (1982).

Los *valores instrumentales*, a menos que estén relacionados de modo directo con la promoción de lo que es intrínsecamente valioso, no interesan a la educación. De ahí que estimar las actividades en términos de consideraciones extrínsecas, como mejorar la eficacia industrial o la formación profesional, signifique no entender la naturaleza de la educación. Tales preocupaciones no constituyen los propósitos de la educación incluso aunque, como se aclarará más tarde, puedan formar una parte útil de cuanto realiza la escuela. Pero, aun así, la educación, cuando se acometa por sí misma, puede lograr y casi con seguridad logrará, *resultados* que sean útiles a la promoción de estos empeños. Desde luego, como indica BAILEY (1984, pág. 29), al proporcionar a unos alumnos el valor intrínseco del conocimiento y de la comprensión, al mismo tiempo se les otorga siempre "lo que posee la mayor relevancia y utilidad para cualquier cosa que probablemente deseen hacer".

La concepción de iniciación de la educación constituye una justificación muy razonada e importante de la educación. Insiste en el valor intrínseco de ciertas actividades y en cómo deben enseñarse, sea cual fuere el uso que de ellas se haga después. La defensa del puesto del movimiento en la educación deberá hacerse dentro de este marco general evaluativo. Ya se verá, sin embargo, desde el principio, que el problema mayor que para el movimiento representa la exposición ortodoxa de la concepción de la iniciación es un enfoque estrictamente intelectualista del conocimiento. Materia del capítulo siguiente serán el estudio de este problema y la solución que se propone.

CAPITULO II

Educación, conocimiento práctico y movimiento

Se decía al final del capítulo anterior que la concepción de la educación como iniciación se interesa por la adquisición de un conocimiento de tipo intelectual de una forma moralmente aceptable. Dicho de otra manera, se ve como un desarrollo de la mente, logrado por una iniciación del joven en aquellas tradiciones públicas que están instauradas en "los conceptos del lenguaje, las creencias y reglas de una sociedad" (PETERS, 1966, pág. 49)[1]. Se interesa en particular por "aquellas formas del conocimiento" que han sido progresivamente diferenciadas a lo largo de los siglos y que ahora suman "unas siete u ocho estructuras cognitivas distinguibles, cada una de las cuales supone la realización de una forma específica de juicio razonado y es, por eso, una expresión singular de la racionalidad del hombre" (HIRST, 1974, pág. 25). En términos del *curriculum* a que nos referimos ahora, son aquellas tareas académicas o intelectuales teóricamente orientadas a las que se conoce como religión, ética, historia, matemáticas, estética, ciencias naturales y sociales y filosofía, cada una de las cuales es mantenida autónoma o lógicamente al margen de las demás en cuanto que *(a)* posee su propio conjunto de conceptos diferenciados y *(b)* tiene su propio modo de comprobar si una afirmación es verdadera o falsa.

[1] El concepto de la educación escolar como iniciación se entiende quizá mejor como introducción de los alumnos en la vida intelectual de su sociedad.

Los conceptos, por ejemplo, de gravedad, átomo, neurona, etc., son característicos de las ciencias físicas, del mismo modo que los de armonía, expresión y estilo corresponden a la estética o que Dios, pecado y predestinación son parte de la terminología religiosa. Una vez más, mientras en ciencia se requieren ciertas formas de técnica experimental que suponen la medición y la observación, en historia se trata más de comprobar meticulosamente entre una matriz de indicios y sus relaciones con diversas fuentes para tratar de conseguir una interpretación precisa de acontecimientos que siempre están sometidos a la comparación.

Es importante advertir que el tipo de conocimento por el que se interesa la visión de la educación como iniciación es predominantemente teórico más que práctico. Se orienta hacia lo que puede conocerse y decirse del mundo más que a actuar inteligentemente sobre éste. HIRST *(ibid)*, por ejemplo, escribe:

> Considero que el campo del conocimiento es centralmente el dominio de las declaraciones o formulaciones ciertas y que la cuestión de la existencia de formas lógicamente diversas de conocimiento se corresponde con la de tipos lógicamente distintos de declaraciones o formulaciones ciertas (pág. 85).

Resulta ciertamente evidente que el desarrollo mental está asociado a empeños intelectuales como la apreciación de las ciencias, la historia y la literatura. "Sea cual fuere la capacidad del niño", mantiene HIRST *(ibid)*, "el eje de todo su desarrollo como ser racional es... intelectual y nunca debemos perder de vista estos fines de los que depende mucho, casi todo" (pág. 28). Habida cuenta de este caso sobre el conocimiento, en relación con la educación, no es sorprendente que estas estructuras diferenciadas o modos diversos de concebir el mundo estén prescritos como "objetivos universales" del *curriculum*. Se aduce que, de negar estas "formas básicas de conocimiento", se niega la misma racionalidad porque sólo podremos dar un sentido a nuestra experiencia si somos iniciados en ellas.

A continuación se expone un resumen de las características principales de la argumentación.

(I) La educación se refiere al desarrollo de la mente.

(II) Por lógica la "mente" se halla determinada por el "conocimiento" y "adquirir conocimiento... es poseer una mente en su sentido más amplio".

(III) El conocimiento radica en la estructuración de la experiencia por conceptos agregando también criterios de objetividad (aplicando aquellos conceptos, haciendo inferencias, etc.).

(IV) El conocimiento está diferenciado en (siete) formas fundamentalmente distintas en cuanto que existen *(a)* tipos lógicamente diferentes de conceptos; *(b)* diversos criterios de objetividad; *(c)* métodos distintivos para una posterior estructuración de la experiencia. Estas formas son las matemáticas, las ciencias físicas, la moral, la estética, la religión, el conocimiento de nuestras mentes y las de otras personas (ciencias humanas, historia) y la filosofía

(V) Las características formales de cada tipo de conocimiento deben ser respetadas (lógicamente) en la formulación de los objetivos del *curriculum*, es decir, de un esquema de educación principalmente determinado por las distinciones entre las diferentes formas del conocimiento.

Debe entenderse que lo que PETERS designa como actividades "valiosas" o "serias" en términos educativos, poseen:

(a) un amplio contenido cognitivo y
(b) son capaces de ilustrar otras áreas de la vida y contribuir considerablemente a su calidad (PETERS, 1966, pág. 159).

A modo de contraste, se mantiene que los juegos tienen un escaso contenido cognitivo porque "es muy poco lo que hay que conocer sobre montar en bicicleta, la natación o el golf. Se trata, en gran medida, de una cuestión de 'saber cómo' *(knowing-how)* más que de 'saber algo', de 'mañana' más que de comprensión". PETERS prosigue: "además lo que es preciso conocer (sobre los juegos) arroja muy poca luz sobre todo lo demás" *(ibid)*. En contraste con las tareas intelectuales, que han sido asociadas con el desarrollo de la racionalidad, las actividades lúdicas no son ni "serias" ni "valiosas". Del análisis de PETERS emergen dos puntos sobre los juegos en relación a la educación. El primero es que los juegos (y por implicación, otras actividades físicas) no se interesan básicamente por lo que constituye la naturaleza de una actividad educativa; que, de hecho, están "al margen de la tarea principal de la vida" *(ibid)*. El segundo punto es que, si se utilizan o manipulan de algún modo para ligarlos artificalmente a propósitos "serios" o "intelectuales", perderán cualquier integridad que posean. Lo más que PETERS puede conceder respecto a la importancia de la "educación física" (término un tanto improcedente en este contexto), es que la ausencia de una buena forma física puede obstaculizar la posibilidad de una vida racional. "Sin un cuerpo en forma", dice, "todas las tentativas de un hombre para responder a la pregunta '¿por qué hago esto en vez de aquello?' podrían ser perezosas o descuidadas" *(ibid,* pág. 163).

Una crítica de la idea de educación como iniciación

Tal vez se haya hablado bastante de la idea de educación como iniciación y su referencia a las actividades físicas para que sea preciso añadir alguna observación. Está claro que buena parte de lo que esto conlleva es de importancia fundamental para nuestro conocimiento y comprensión del mundo y, desde luego, pocas serían las personas que lo negasen. Sin embargo, en su aspecto puro, tiene que considerarse como una forma limitada y empobrecida de educación. Es posible formular al menos cuatro críticas principales. La primera es que ve la educación *sólo* en concepto del desarrollo mental más que en términos de lo que es ser una persona completa con capacidades tanto para hacer como para pensar. Una consecuencia de esta preocupación por la mente es el reflejo de un dualismo no reconocido pero sin embargo implícito: la aceptación de una separación lógica entre la mente y el cuerpo y la prioridad que se otorga a la primera en el esquema educativo de las cosas. PETERS *(ibid,* pág. 211), por ejemplo, comenta que "las personas sólo comienzan a pensar sobre sí mismas como tales, como centros de valoración, de decisión y de elección, en la medida en que la conciencia se halla singularizada en distintos centros, *ligada* a diferentes cuerpos físicos". Una segunda crítica, incluso si se acepta esta metafísica soterrada de la persona, que parece impregnar buena parte de lo que se ha escrito, es la que se refiere al empleo del término "mente" en un sentido intelectualista muy restringido. Destaca en exceso una cierta concepción de lo "cognitivo" y lo asocia con el tipo de conocimiento y de comprensión de una especie proposicional. En otras palabras, se refiere a un conocimiento de naturaleza más teórica que práctica; a "conocer que", por ejemplo, "un paralelogramo es una figura de cuatro lados, siendo los opuestos paralelos e iguales", frente a "saber cómo" hacer algo, por ejemplo, jugar al *hockey*. Se aprecia escasamente el hecho de que "lo cognitivo" se integra en los propósitos prácticos y que no es dominio exclusivo de las tareas intelectuales. En cualquier caso "saber cómo" no es, como sugiere PETERS, "simplemente una cuestión de 'maña' más que de comprensión". Caracterizarlo así significa desconocer su carácter distintivo o su significación en las actividades humanas[2].

Una tercera crítica consiste en que, como lo que es "valioso" en el *curriculum* se centra en las siete "formas del conocimiento" que son en buena medida, si no exclusivamente, del tipo proposicional, se deduce de ahí una educación académicamente prescritica que contiene poco de educación práctica[3]. Sólo se consideran valiosos los propósitos prácticos en la medida en que puedan contribuir al desarrollo de la comprensión intelectual. Semejante concepto del conocimiento y de la educación es reduccionista por su naturaleza en cuanto que equivale a negar que las tareas prácticas, (incluyendo actividades físicas como la natación, la danza y los juegos, así como otras, por ejemplo, alfarería, artes y oficios, cocina y trabajos en madera y en metal) posean en sí mismas lo suficiente para hacerlas valiosas. No se toma en consideración el hecho de que actividades como el deporte y la danza en nuestra cultura sean elementos centrales de nuestro estilo de vida y fuente de interés y valor para muchas personas. Según semejante argumentación, si éstas y otras actividades prácticas han de llegar, en cualquier caso, a ocupar un puesto en el *curriculum* "serio", sólo será sobre la base del modo en que puedan contribuir a la adquisición de un conocimiento académico

Una cuarta crítica general del concepto de la educación como iniciación y surgida de las ya formuladas, es que no desarrolla "el conjunto de la persona". Al centrarse en los aspectos cognitivo e intelectual de la educación descuida otros aspectos de la persona que siguen siendo importantes si ha de lograrse una forma plena y más completa de la educación. Aparte de esta

[2] Debe reconocerse que la presentación por parte de Hirst (1979, pág. 102) del "saber cómo" en un artículo más reciente resulta considerablemente más compleja que esto pero, sin embargo, da la impresión de que las actividades prácticas, aunque contengan elementos del "saber que", se hallan en la periferia de los intereses educativos y que lo que resulta de importancia vital es la comprensión intelectual.

[3] Para una formulación detenida en contra del modelo de la educación como iniciación y para la inclusión de los propósitos prácticos en el *curriculum*, consúltese Carr (1981). Véase también O'Hear (1981) y Schilling (1986).

área de las tareas prácticas, que ya se ha mencionado, distorsiona y desfigura varias de aquellas áreas consideradas vitales en cualquier programa educativo. En la estética y la moralidad, por ejemplo, está claro que el lenguaje y los conceptos peculiares de estos ámbitos deberían ser comprendidos, pero no resulta evidente que se cultiven el gusto o la sensibilidad o que se desarrollen la amabilidad, la simpatía y la tolerancia hacia otros. Dicho crudamente, puede afirmarse que en estas áreas se valoran las facultades críticas mientras que cualidades como la imaginación, el sentimiento, la virtud y la voluntad, se descuidan o subestiman[4]. Al describir el tipo de persona que probablemente origine este concepto de la educación, MARTIN (1981) escribe:

> A la persona liberalmente instruida conforme a la teoría aceptada se le enseñará a ver el mundo a través de las lentes de las siete formas de conocimiento, si siete existen, pero no a actuar en el mundo. Tampoco será estimulada para adquirir sentimientos y emociones. Se dotará a la teoría del individuo liberalmente instruido de un conocimiento sobre los demás pero no se le enseñará a cuidar de su bienestar y, menos aún, a comportarse amablemente con ellos. Esa persona obtendrá una cierta comprensión de la sociedad, pero no se le enseñará a sentir sus injusticias ni siquiera a preocuparse por su destino. La teoría aceptada concibe a un individuo liberalmente instruido como encastillado en una torre de marfil: alguien capaz de razonar pero sin deseo de resolver problemas en el mundo real; que comprende la ciencia pero no le preocupa el uso que de ella se haga; que capta los coceptos de la biología, pero no está dispuesta a hacer ejercicio o a comer de un modo adecuado; que puede llegar a conclusiones morales impecables pero que carece de la sensibilidad o de la capacidad para aplicarlas eficazmente.

Desde un punto de vista general, el concepto de la educación como iniciación, tal como prescriben HIRST y PETERS, ofrece una imagen tergiversada de la naturaleza humana, y el *curriculum* que postula hace escasa justicia a toda la gama de logros humanos valorados.

Es innecesario decir que algunos especialistas de la educación, como PRING (1976) y REID (1961), se han pronunciado contra semejante concepto limitador del conocimiento y de la educación, en especial cuando se contrasta con la variedad de logros humanos y con los diferentes modos que existen de conocer. Al advertir la inadecuación de esta forma de educación para los

[4] Para un análisis sobre estos puntos, véase Warnock (1977, págs. 129-165).

menos capaces académicamente BANTOCK (1971) sugirió una forma alternativa que destaca más lo concreto, lo práctico y lo "afectivo y artístico" en educación. Incluso es posible estimar la atención actual hacia la promoción de las destrezas técnicas y vocacionales y hacia el desarrollo personal y social como una reacción contra un tipo académico de educación para todos, especialmente cuando son muchos los alumnos que resultan inapropiados al efecto y/o que se muestran desencantados por la fórmula.

Sin embargo, no nos detendremos en estas cuestiones. Tal vez se haya dicho bastante para señalar algunas de las inadecuaciones más obvias del concepto de la educación como iniciación, especialmente prescrito para cualquiera.

El propósito del texto restante en este capítulo es puntualizar que el conocimiento práctico o "saber cómo" difiere del conocimiento proposicional o "saber que", pero no resulta menos importante en cuanto a la educación integral de una persona.

La racionalidad del conocimiento práctico y del saber cómo

Los filósofos admiten desde luego que, al margen del conocimiento teórico o proposicional, o conocimiento del "saber que" en un caso concreto, que es el tipo de conocimiento por el que se interesan las "formas del conocimiento" de HIRST, existe otro tipo que es práctico y se interesa por "saber como" hacer o proceder con ciertos tipos de actividades. Mientras que el conocimiento proposicional se interesa por determinar la certeza de declaraciones como "sé que la batalla de Hastings tuvo lugar en 1066"; "sé que los metales se expanden con el calor"; "sé que los ángulos opuestos de un paralelogramo son iguales", el conocimiento práctico se interesa por ciertas formas de competencia activa, como cuando digo "sé conducir un coche", "sé hacer una estantería" o "sé jugar al tenis".

Lo que importa comprender, en relación con estos dos tipos de conocimiento, es que cada uno posee su propia racionalidad. "La diferencia principal entre conocimiento teórico y práctico", escribe CARR, "es que si al primero le interesa el descubrimiento de verdades adecuadamente respaldadas por la razón y confirmadas por la experiencia, el segundo se interesa por la ejecución de propósitos en acción, efectuados de una manera racional y confirmados por un grado razonable de éxito" (1981, pág. 60).

Aunque fue ARISTÓTELES (1973, pág. 28), quien originariamente señaló la distinción entre razonamiento teórico y práctico, es RYLE (1949, págs. 26-60) quien destaca el hecho de que "saber que" y "saber cómo" son expresiones de la racionalidad humana. Afirmó que mientras "saber que" es una función de la teorización humana, "saber cómo" es una expresión de la práctica racional. Una, sostuvo, no puede reducirse a la otra. También ANSCOMBE (1957) señala que, mientras en el razonamiento teórico nos proponemos desplazarnos lógicamente desde formulaciones acerca del mundo a conclusiones al respecto, en el razonamiento práctico pretendemos la ejecución y la realización de nuestros propósitos e intenciones. Lo más sobresaliente aquí es que, cuando una persona "sabe cómo hacer" ciertas cosas específicas (por ejemplo, una mesa o jugar al *squash)*, su conocimiento se halla actualizado y puesto en práctica en lo que hace. Su inteligencia se manifiesta en sus hechos, destrezas y realizaciones.

RYLE señala, y vale la pena repetirlo aquí, que una práctica no es, como sugiere la "leyenda intelectualista", hijastra de la teoría. A menudo es su precursora. Eso significa afirmar que algunas teorías surgen del estudio de una práctica ya existente. Por eso, no siempre es necesario elaborar una teoría antes de ser capaces de prácticar algo. Creo que sucede al revés, especialmente en actividades como la artesanía, las artes y el deporte. Si uno desea enseñar a alguien a saltar de cabeza o a servir en el tenis, enseña directamente *cómo* hacer estas cosas. Lógicamente no es necesario elaborar antes un poco de teoría y desarrollar luego algo de práctica. Desde luego, esto no significa afirmar que, a veces, no pueda la teoría informar y guiar útilmente la práctica. Lo que se rechaza es que constituya una condición previa para saber cómo hacer algo. Semejante cuestión plantea serias dificultades al concepto de la educación de las "formas de conocimiento". ¿Se interesa uno más en un campo como el de la estética, por ejemplo, por la enseñanza de las actividades de la danza, de la música, del mimo, etc., que por la teoría *sobre* éstas? ¿Qué significa o qué puede significar, en cualquier caso, decir, por ejemplo, que la estética como forma de conocimiento se refiere a la elaboración de proposiciones y declaraciones ciertas? ¿Debería interesarse más la educación, dentro de la esfera moral, de que los niños se comportasen de un modo moralmente responsable que por lograr que entendieran y emplearan el lenguaje del discurso moral? Con toda seguridad, y aunque exista en cada una de estas áreas una estrecha relación entre la práctica de ciertas actividades y las formas apropiadas de desarrollo conceptual que las acompaña, es la realización de la pintura, del canto o de los juegos o la práctica de la moralidad en términos de conducta responsable, la que debería interesar básicamente al educador.

Saber cómo y actividades físicas

Se ha señalado que el razonamiento práctico o saber cómo se interesa esencialmente por emprender acciones o lograr cosas en el mundo más que por la construcción de teorías y el establecimiento de lo que es proposicionalmente cierto. Se ha afirmado también que "saber cómo" y "saber qué" son expresiones diferentes, aunque fundamentalmente importantes, de la racionalidad humana y deberían por eso caracterizar a cualquier programa educativo bien meditado. Con objeto de poner en claro a lo que nos referimos cuando hablamos de "saber cómo" en relación con las actividades físicas es necesario profundizar más en este razonamiento. Resultará útil primeramente distinguir entre "saber cómo" en un sentido *débil* y "saber cómo" en un sentido *fuerte.* Mientras que con el sentido débil se alude a una una persona físicamente capaz de hacer algo, por ejemplo, y de mostrar o evidenciar que puede hacerlo pero que, cuando se le pregunta cómo lo hizo, poco o nada tiene que decir a modo de descripción o de comprensión, el sentido fuerte alude a una persona que no es capaz de ejecutar lo que dice que puede hacer pero que, cuando se le pregunta cómo lo realiza, puede proporcionar una relación descriptiva, clara y penetrante de cómo se hizo. En el sentido débil no se alude a la persona capaz de hacer algo por accidente o fortuitamente, sino a quien lo realizó de un modo *intencional* y es capaz de repetirlo pero, en realidad, no ha captado cómo lo hizo, en el sentido de ser capaz de proporcionar un relato coherente de los pasos o procedimientos utilizados para hacerlo. Sabe cómo en el sentido de que es capaz, pero no en el sentido de poder explicarlo. Pregunten al brillante, intuitivo pero inexpresivo portero, como evitó un gol. Puede que diga que "fue así" y mostrarlo en vez de explicar cómo.

Me parece que, en el deporte, muchas acciones son de esta clase. Un niño puede ser capaz de captar las destrezas básicas del fútbol, pero no es consciente de los medios o procedimientos utilizados para adquirirlas. Como señala CURTIS (1977): " 'saber cómo' en el sentido de ser capaz de hacerlo y saber cómo en el sentido de ser capaz de decir cómo se hace son cuestiones a menudo muy diferentes" (pág. 84). Incluso es posible que, dentro del marco de un juego, un participante pueda seguir implícitamente ciertos procedimientos determinados por reglas sin poder decir qué método ha seguido.

En contraste con este aspecto débil, "saber cómo" en el sentido fuerte está caracterizado por el hecho de que la persona no sólo es *intencionalmente* capaz de ejecutar con éxito unas acciones sino que puede *identificarlas* y *describir* cómo se realizaron. Si se le pide, podrá expresar los procedimientos determinados por unas reglas a través de los cuales hizo lo que es capaz de hacer. Su comprensión de lo que está haciendo o de lo que ha hecho se basará en un entendimiento muy claro del modo en que es capaz de realizarlo. Podrá explicar cómo se relacionan medios y fines. Lo que caracteriza a este saber cómo en su sentido fuerte es que la persona en cuestión no sólo puede hacer algo con éxito sino que es capaz de proporcionar una relación inteligible de cómo se hace. En este sentido fuerte, ser capaz de hacer intencionalmente algo no es condición suficiente para un saber cómo.

Posteriores explicaciones del sentido fuerte del saber cómo exigen, al menos, la formulación de dos comentarios adicionales.

1. *Saber cómo supone unos procedimientos conforme a unas reglas.*

El sentido fuerte del saber cómo exige así una comprensión de los procedimientos conforme a unas reglas y una descripción del modo en que se hace. Lo que se hace *implícitamente* en el discurso ordinario tiene que poder manifestarse de modo *explícito.* En este sentido fuerte, saber cómo es comprender la naturaleza, propósito y contexto de una determinada acción que se acomete. Participar en un juego, por ejemplo, supone tener un conocimiento y una comprensión de sus reglas para que se desarrolle dentro del marco proyectado. El jugador sabrá lo que está permitido y prohibido. Pero lo que efectivamente procura la formulación de las reglas es un *proceder racional* sobre el modo de tomar parte en *ese* juego. Dicho de otra manera, lo que una formulación de las reglas de un juego proporciona no es una declaración *teórica* sino *descriptiva* sobre el modo de proceder. Si uno desea practicar con éxito el fútbol, es necesario que comprenda y observe las reglas que lo caracterizan y determinan al mismo tiempo.

2. Destrezas como capacidades contextuales adquiridas.

Puede decirse que las destrezas son ejemplos del razonamiento práctico en términos de saber cómo hacer algo competentemente con arreglo a ciertos niveles mínimos. A diferencia de los hábitos, exigen que el agente supervise de manera inteligente lo que esté haciendo mientras lo ejecuta, junto con una capacidad para adaptarse a las circunstancias cambiantes cuando así se requiera. Mientras que un agente habitual tiende a limitarse a unos procedimientos relativamente fijos y rutinarios, el agente diestro reflexionará sobre lo que hará después y lo valorará si para él la tarea o propósito tiene que lograrse con un máximo de eficacia. En tanto que, en términos relativos, los hábitos son estáticos en su ejecución, las destrezas resultan dinámicas.

En los contextos del deporte, por ejemplo, el dominio de una destreza se manifiesta en el modo en que se emprende y realiza algo. El buen jugador de golf no recurre simplemente a una serie de hábitos bien probados o a unos esquemas de movimientos condicionados aprendidos conforme a una serie de circunstancias invariables. Por el contrario, toma inteligentemente en consideración las circunstancias cambiadas o cambiantes en las que se encuentra en un momento determinado. El viento, la lluvia, los diferentes terrenos, etc., hacen diferente cada partido en algún sentido de los anteriores. Cada golpe requiere una reflexión previa a la ejecución. El buen golfista es capaz de seleccionar el palo adecuado con conocimiento y comprensión y de jugar de un modo fiable y preciso. No es un agente *habitual* sino un agente *inteligente*. Puede advertir lo que se requiere de una situación y es capaz de ejecutar con éxito lo que es preciso hacer. NICKLAUS (1974) describió claramente buena parte de lo que se exige para lograr una perfecta jugada en el golf. Escribió:

> En primer lugar, tenía que lograr un cien por cien de objetividad analítica, de reconocer cuál sería el tiro ideal en cada situación. En segundo lugar, tras haber identificado el tiro ideal, tenía que decidir intentarlo sin

paliativos. En tercer lugar, después de haber identificado el tiro ideal y haber decidido acometerlo, tenía que ejecutarlo a la perfección, sin torpezas técnicas (págs. 253-254).

Del mismo modo, en un deporte como el fútbol en donde las circunstancias contextuales suponen una pelota en movimiento así como una fluidez en la disposición de los jugadores, la destreza, en su nivel óptimo, no se identifica tanto por la capacidad de recoger el balón, regatear, cabecear y chutar de un modo competente, aunque estas destrezas sigan siendo importantes, como por una acapacidad para emplear inteligentemente estos aprendizajes adquiridos a medida que el juego se desarrolla. Tales destrezas separadamente adquiridas sólo serán útiles si contribuyen al desarrollo y la promoción de procedimientos tácticos y de estrategias dinámicas. En el fútbol, como en otros juegos en donde existe un entorno abierto y constantemente cambiante, lo que se requiere no es tan sólo una serie de destrezas básicas que se dominen sino su desarrollo relevante y coordinado a medida que progresa el juego. El buen futbolista no será sólo un jugador diestro en el sentido de que domine ciertas competencias básicas, sino que podrá percibir lo que es preciso hacer en un determinado momento y orientar sus energías y conocimientos hacia su logro.

Una caracterización del saber cómo

Tal vez se haya dicho bastante sobre los rasgos característicos de la racionalidad del conocimiento práctico, o saber cómo, y de su relación con las actividades físicas. A continuación se resumen los puntos principales.

El conocimiento práctico o "saber cómo", a diferencia del conocimiento proposicional o "saber que", se interesa fundamentalmente por:

(I) *Práctica, no teoría;* o al menos no sólo por la teoría.
(II) *Acción;* no simplemente o sólo *pensamiento* o *creencia.*
(III) *Hacer* algo *en* el mundo de un modo intencionado, más que *pensar* simplemente, proporcionar una información o reflexionar *sobre* el mundo.

En el contexto del movimiento, el deporte y la educación física, cualquier caracterización completa del "saber cómo" tendrá que incluir los siguientes puntos:

(I) Lo que es *activo.*
(II) Lo que supone el poder entender y seguir unos *procedimientos determinados por reglas.*
(III) Lo que supone una *acción crítica inteligente,* es decir que el agente o realizador piense (o sea, que tenga la capacidad de supervisar y de reaccionar ante lo que haga) mientras lo está haciendo.
(IV) Lo que supone unos *niveles* mínimos de competencia, es decir, conocer lo que exige saber cómo hacer algo en especial (tocar el piano, lanzar la jabalina) y eso supone tratar de acertar con la actividad.

"Saber cómo", en suma, se interesa esencialmente por el dominio de *destrezas* y de *"ser capaz de"* actuar o participar en una determinada actividad *con éxito y comprensión.*

Consecuencias educativas

Tras haber dicho algo respecto a la diferencia entre "conocimiento teórico" y "conocimiento práctico", o "saber que" y "saber cómo" y del carácter imprescindible del último para todos los fines prácticos, incluyendo el deporte y los juegos, es preciso preguntarse qué significación tiene esto para la educación. La respuesta es que posee un enorme significado no sólo en términos de lo que es ser persona sino en términos de crecimiento y desarrollo humanos[5]. Pero penetrar de lleno en este debate me alejaría de mi interés principal. Sin embargo, es posible hacer algunas puntualizaciones. En primer lugar, si se acepta por el momento que la educación atañe fundamentalmente a la adquisición de conocimientos y al desarrollo de la racionalidad parece que, atendiendo a un equilibrio vital, no debería limitarse al cultivo de *un* tipo de conocimiento y de *un* tipo de racionalidad. Como se ha señalado aquí, existen al menos dos tipos de racionalidad: teórica y práctica. Cada una posee fines diferentes y cada una exige distintos tipos de pensamiento para llegar a ellos. El fin de la racionalidad teórica es la verdad universal; el fin de la racionalidad práctica es la acción apropia-

[5] Para un artículo que afecta mucho a este tema, desde el punto de vista del proceso y de la ética de la autorrealización, véase Arnold (1979a).

da. Parece por eso perfectamente razonable afirmar que una "educación liberal" tiene tanto que ver con la iniciación de los jóvenes en las prácticas valoradas por una sociedad como en su iniciación con sus formas teóricamente construidas de pensamiento. Concebir el conocimiento y la racionalidad sólo en términos de proposiciones *sobre* el mundo es concebirlas en unos restringidos términos intelectualistas.

En segundo lugar, si ha de evitarse ese tipo de empobrecimiento del desarrollo a que se ha aludido, habrá necesariamente que prestar una atención y un interés mayores a aquellas actividades que abarcan la noción de realización y de acción, en vez de limitarnos a aquellas interesadas esencialmente por la reflexión. Es aquí, desde luego, en donde podemos hallar argumentos en favor de la inclusión en cualquier programa educativo de una amplia base de actividades como los juegos, la natación, la danza y la gimnasia, así como la pintura, la escultura, el canto y la interpretación de instrumentos. Está claro que, además de saber *que* sucede tal y tal cosa (o que no sucede), existe un conocimiento del *modo* de participar con éxito en diversas formas de tareas prácticas y que, en cada caso, habrá que aprender unas destrezas específicas. A través de la práctica y de la experiencia, se hacen más perfectas las acciones y, a través de la formulación de ejemplos de niveles públicos en relación con una actividad,es posible decir de una persona: "sabe cómo hacerlo". Lo que aquí se sostiene es que las "actividades físicas" son, en no menor medida que las "actividades artísticas", manifestaciones importantes de una vida práctica de la cultura y que, junto con los "contenidos intelectuales" deberían formar una parte necesaria de la materia sobre la que hay que educar.

En tercer lugar, parece claro que si la educación se refiere a la expansión y enriquecimiento de la conciencia, entonces el aprendizaje de destrezas posee un lugar importante en el desarrollo de una persona, sea cual fuere la utilidad de los propósitos a que puedan orientarse. Aunque con frecuencia sólo se consideran las destrezas en términos instrumentales, poseen también un interés intrínseco y pueden ser cultivadas por sí mismas. Una persona, por ejemplo, a la que sencillamente le agrade nadar, puede que desee mejorar su estilo de "crawl" y complacerse en ello, sin tomar en consideración los beneficios que pueda aportarle en términos relativos a la salud, la supervivencia o la competición en pruebas deportivas. Por eso, en un contexto educativo, resulta siempre necesario distinguir especialmente entre el rendimiento experto de una persona en términos de un propósito contextual que ha de lograrse y la *satisfacción intrínseca* que le otorga. Desde luego sucede a menudo que uno y otra van emparejados, aunque no tenga que ser siempre así. Lo que resulta importante desde el punto de vista de la expansión de la conciencia es que, al menos en un sentido, las destrezas no están nunca "cerradas" sino que se muestran siempre "abiertas" a estratos más discretos y sutiles de conciencia, no sólo en términos de su adquisición y dominio sino de la propia identidad del realizador en relación con ellas[6]. El hecho de que una actividad o destreza proporcione al participante una satisfacción intrínseca no la convierte, por eso mismo, en algo educativamente valioso; pero cuando se combina con un desarrollo del conocimiento y de la comprensión y con una actitud atenta a cuanto se logra, conforme a unas normas públicamente reconocidas, entonces se halla muy bien en vías de realización lo que se entiende por proceso educativo.

Lo que se deduce de este capítulo es que la educación, incluso cuando se la considera como interesada fundamentalmente por el conocimiento y la racionalidad, va mucho más allá de un *curriculum* basado en formas teóricamente construidas de discurso proposicional. Se interesa también por una iniciación en toda una gama de contenidos prácticos como el deporte y la danza, que constituyen una parte significativa y valorada de la cultura. Dedicaremos ahora nuestra atención a una detallada consideración de éstos.

[6] Para un análisis de este punto, véase Arnold (1979b), sobre todo el Capítulo 4.

CAPITULO III

Deporte, educación moral y desarrollo del carácter

Pese a una tradición larga y respetada, que se remonta a PLATÓN (1955), según la cual existe una relación importante entre la vida física de una persona y el desarrollo y formación de su carácter, se ha argumentado en los últimos años que el deporte (y la participación en juegos) carece de consecuencia moral y que se trata, por eso, de un asunto "falto de seriedad" o trivial. Tal posición sobre el deporte (y los juegos)[1], que se incluye en los textos de quienes postulan el enfoque de la educación como iniciación, procede de la consideración de que presenta una discontinuidad respecto de la vida y de que, por consiguiente, cuando se compara con los intereses vitales, carece de importancia moral y de valor ético. En una palabra se trata de algo "no serio" más que "serio". Desde luego, eso no significa que el deporte no deba considerarse o realizarse seriamente. La base de la afirmación de que el deporte no es serio no radica en el enfoque o en la actitud de los jugadores en cuanto a lo que hacen, sino en la estimación de que el deporte, en razón de su marginación de la vida, es moralmente inconsecuente. Argumentaremos que semejante opinión del deporte se basa, en parte, en una errónea visión de éste y, en parte, en una asimilación muy

[1] Para el propósito presente, y a partir de ahora, entenderé predominantemente por deporte aquellos juegos deportivos que constituyan actividades en equipo y se hallen determinados por reglas.

apresurada del deporte con el área del juego. Examinaremos primero este último punto y luego analizaremos el otro. Se advertirá que ambas cuestiones son interesantes porque no afectan solamente al modo en que el deporte es concebido sino de manera más especial a la posición del movimiento (que se halla en buena parte referido al deporte y a los juegos) en el contexto de la educación y del lugar que ocupa en el *curriculum*.

Uno de los autores que más influencia han tenido en los últimos años sobre el juego ha sido HUIZINGA (1970)[2], quien dio crédito a la opinión de que el juego se halla separado de la vida cuando habló de que era una "posición de actividad libre, bastante conscientemente al margen de la vida 'ordinaria', y no 'seria' " (pág. 32). Además, se refirió en parte a su naturaleza "independiente" cuando declaró que se desarrollaba "dentro de sus límites propios de tiempo y de espacio, conforme a sus propias reglas y de un modo ordenado" *(ibid.)*. Consecuentemente indicó que "el juego depende de la aceptación temporal por parte de los jugadores de una serie de reglas que 'separan' la actividad dentro de los juegos de los acontecimientos del mundo 'real'...". Y añadió: "el juego como tipo de actividad de ocio... supone la creación temporal de una esfera de irrealidad" *(ibid.*, pág. 33).

Dentro de la consideración de la educación como iniciación resulta completamente claro que autores como DEARDEN y PETERS deben mucho a HUIZINGA. DEARDEN (1968, págs. 100-101), por ejemplo, al hablar del juego como "no serio" lo caracteriza primero como "independiente" en el sentido de estar separado de los deberes, deliberaciones y proyectos de desarrollo que constituyen el entramado de los propósitos de la vida ordinaria; y, en segundo lugar, se refiere al juego como "inmediato en su capacidad de atracción", por lo que parece estar pensando en algo como la absorción espontánea. En contraste con la actividad "no seria" del juego existen aquellas actividades que por un lado están referidas a los "valores culturales" de la sociedad, y aquí cita las "artes y las ciencias" (1969, pág. 85) como ejemplos, y, por otro, aquellas materias de "interés básico" que se refieren al juicio particular y a la moralidad social (1968, pág. 97). Se advertirá así que, en contraste con las actividades "no serias" del juego, las "serias" tienen que ver con el conocimiento

[2] Véanse también: Lucas (1959, pág. 11) y Callois (1961).

y la verdad así como con la moralidad[3]. El juego es entonces para DEARDEN "una actividad no seria e independiente que emprendemos sólo por la satisfacción que el mismo implica" (1969, pág. 84).

PETERS (1966, capítulo 5) adopta también en su libro *Ethics and Education* la distinción que hace HUIZINGA y afirma que pueden dividirse las actividades del *curriculum* entre aquellas que son "serias" o valiosas y las que no lo son. Ha de recordarse que, en la categoría de las "serias", PETERS (*ibid.*, pág. 159) coloca áreas intelectuales como la ciencia, la historia, la apreciación literaria y la filosofía. En suma, resulta evidente que asocia lo serio con las "formas del conocimiento" de HIRST (1974, págs. 30-35 y págs. 84-100) en razón de que ilustran otras áreas de la vida, contribuyen a la calidad de ésta y poseen un amplio contenido cognitivo. Estos dos factores son los que las distinguen de los "juegos". Lo que es importante advertir aquí es que el juego y lo "no serio" han llegado a ser asociados con el deporte y, por implicación, con la educación física. Resulta muy clara esta transposición en el pensamiento de PETERS, quien escribe:

> Cuando decimos de algo que es un juego, nos referimos, en parte, a que está marginado de la actividad principal de la vida, que es completo en sí mismo y se halla limitado a unos tiempos y lugares específicos (1966, pág. 159).

Tras haber calificado los juegos como "no serios" prosigue:

> Pueden concebirse los juegos como de significación educativa y, por eso serios, sólo en cuanto proporcionen oportunidades para adquirir cualidades del conocimiento de la mente y del carácter, gracia estética y destrezas que posean aplicación en un área más amplia de la vida *(ibid.)*.

Lo que resulta especialmente interesante en el contexto de nuestra presente tarea es que reconozca que:

> Es evidente, por ejemplo, su importancia para la educación moral. Porque en muchos juegos, y en especial en los que suponen un trabajo en equipo, tienen que revelarse virtudes como el valor, la sinceridad, la persistencia y la lealtad en un grado importante. Otros ofrecen oportunidades para desarrollar el juicio, la serenidad y la capacidad de intuir los motivos de los demás *(ibid.,* págs. 159-160).

---

[3] Un tanto sorprendentemente, Dearden (1965, pág. 97) menciona también "un amor por la naturaleza y afirmarse frente a los azares" como serios, en cuanto que son culturalmente valorados. Así las actividades al aire libre y algunas formas de deporte como la navegación a vela y la escalada podrían ser también consideradas "serias".

Concluye diciendo:

> Quienes creen en la importancia educativa de los juegos suponen que las situaciones que presentan y en las cuales han de ser ejercidas y cultivadas unas virtudes son muy semejantes a situaciones en la vida de un carácter menos independiente *(ibid.,* pág. 160).

La base de la posición de PETERS respecto a los juegos parece ser ésta: que aunque los juegos, como contenidos "serios" puedan ser ejercidos por sí mismos, no presentan como tales, a diferencia de los contenidos "serios", un interés moral. Es posible, sin embargo, emplearlos con fines serios y educativos si se examinan y utilizan de una forma instrumental. No obstante, en el caso de ser considerados como "ejercicio de moralidad", por ejemplo, "pueden cesar de ser simplemente juegos" *(ibid.,* pág. 159). El *cricket,* observa PETERS, está clasificado como juego porque "moralmente carece de importancia" *(ibid.,* pág. 158).

Lo que parece claro entonces es que, en la visión de PETERS, los juegos en la forma de deportes no son serios en cuanto que no están directa o inherentemente interesados en nuestras vidas intelectuales o morales. Como estimo que esta última posición es especialmente errónea, me propongo examinar la cuestión con más detenimiento. Se argumentará que aquellos juegos que son deportes (*hockey, rugby,* fútbol, etc.) son "serios" en el sentido de que, lejos de hallarse apartados de la esfera moral, se encuentran ineludiblemente ligados a ella[4].

Razonando de acuerdo con estos términos se pretende mantener la concepción del juego como una práctica esencial e intrínsecamente moral y que, cuando de algún modo es corrompido o degradado, como sucede a veces, deja de ser deporte en cualquier sentido pleno del término. Cuando esto pasa, deja de ser todo lo que puede y debería ser. A este respecto no es diferente del concepto de educación que, cuando no alcanza a promover el conocimiento y la comprensión de un modo moralmente aceptable, ya no es posible calificarla como tal. En el deporte, como en la educación, existen unas consideraciones éticas que están integradas en su ejercicio eficaz.

---

[4]Vale la pena advertir que, si bien Huizinga (1970, pág. 28) habla del juego como "independiente", también advierte que la relación entre el juego y la seriedad es "siempre fluida" y en modo alguno simple. Su tesis principal, no debería olvidarse, se interesa por mostrar que el juego constituye un elemento esencial en todas las actividades muy consideradas y puede, en cierto sentido, ser la base de todas ellas.

Al tratar de establecer la relación entre deporte y moralidad me propongo primero decir algo respecto a la moralidad y la educación moral antes de pasar a examinar la práctica del deporte como rectitud y el desarrollo y la formación del carácter en el deporte.

Moralidad y educación moral

En términos amplios puede decirse que la moralidad se interesa por nuestra relación con los demás. Supone nuestra consideración y nuestra atención por los demás así como por nosotros mismos. Se interesa por el modo de distinguir lo "justo" de lo "injusto", lo "bueno" de lo "malo". Por eso, la moralidad está comprometida con valores y con una consideración de los principios a los que podemos referirnos antes de emprender una actividad o acometer una determinada acción. Con frecuencia estos principios, como la universalidad o la imparcialidad, la benevolencia racional y la libertad, se consideran básicos para el carácter del discurso y de la acción morales. La universalidad supone que los principios identificados deben ser aplicables a todos. La benevolencia racional reconoce la importancia de razonar así como de reconocer los intereses de todos, de manera que ningún individuo ni grupo resulte, favorecido a sabiendas, a costa de otro. La libertad presta atención al hecho de que, para que un acto sea moral, tiene que ser libre. Es decir un acto libremente elegido y del que pueda ser considerado responsable el agente en cuestión.

El término educación moral alude a la intencionalidad del desarrollo moral. Es según Kohlberg (1971, pág. 25) el estímulo de una capacidad para el juicio moral. Más que esto, se interesa también por una disposición a actuar conforme con cualesquiera juicios morales formulados. Lo que distingue a una educación moral es que se trata de una actividad deliberada e intencional que se preocupa del cultivo de un juicio moral básico y de una disposición voluntaria a actuar en consecuencia. Aquí intervienen tanto la autonomía racional como la fuerza de voluntad. Poder formar un juicio moral y no actuar conforme a él significa no alcanzar lo que supone la educación moral. La conducta moral y, por tanto, la educación moral se expresan con la mayor claridad cuando un juicio moral se traduce en una acción moral apropiada. Evidentemente McIntosh (1979) pensaba en algo parecido cuando escribió:

> De la persona moralmente educada se espera no sólo que sea capaz de establecer juicios morales sino de actuar conforme a éstos. La vida moral requiere una multitud de disposiciones personales, y la persona moral debe examinar la cuestión hasta los límites de su capacidad pero para que se produzca una acción moralmente justa, el individuo ha de estar dispuesto a actuar conforme a su juicio moral (pág. 167).

Lo que diferencia "educación moral" de "adiestramiento moral", que supone una forma de ejercitación para que los alumnos se adecúen a las normas morales sin un gran entendimiento de los principios morales, es que ellos mismos se estimulan a pensar críticamente sobre las cuestiones morales a la luz de los principios morales fundamentales y que formulan sus propios juicios racionales y los traducen en la acción moral apropiada. Según Meakin (1982) un criterio importante del éxito en la educación moral es:

> el grado en el que un individuo esté dispuesto y sea capaz de someter una serie determinada de normas morales a su propio escrutinio crítico y de decidir, a la luz de la razón, si debe actuar conforme a ellas o sobre alguna otra serie de normas elegidas por él mismo (pág. 65).

Puede estimarse, conforme a cuanto se ha dicho, que es siempre necesario pensar primero y actuar después pero esto no es así forzosamente. Lo que pasa muy a menudo en la práctica, y quizá sobre todo en el deporte, es que el jugador actúa de un modo espontáneo, como sucede frecuentemente en los actos de deportividad, sin razonar primero por qué lo hace así. Lo que importa es que una persona moralmente educada es capaz de revelar su interés moral sin tener necesariamente que razonar de antemano la postura que adoptará. Esto no significa, sin embargo, que en un caso preciso no pueda justificar lo que hizo, señalando las normas y los principios morales subyacentes por los que pueden juzgarse todas las acciones. En este aspecto no existe diferencia entre aquellas acciones que tienen lugar dentro del marco de los juegos y deportes y otras en que no ocurre así.

Aspin (1975) destaca buena parte de lo que mantendré cuando observa:

> Por eso la moralidad y, a *fortiori,* la educación moral se interesa por ayudarnos a comprender que la vida humana está plagada de obligaciones de uno u otro tipo. Uno de sus propósitos será proporcionarnos un

> conocimiento de las normas que operan en este "juego" específico y tratar de desarrollar en nosotros una captación de los principios subyacentes, junto con la capacidad de aplicar inteligentemente estas normas y de contar con la disposición para obrar así (pág. 57).

Sin embargo, a la vista de cuanto se ha dicho no debería pensarse que la educación moral se interesa sólo por el logro de juicios morales y por tener la voluntad y la capacidad de operar conforme a éstos. Está claro que resultan importantes otras consideraciones. WILSON y cols. (1967), por ejemplo, además de los aspectos cognitivo y volitivo de la educación moral, reconocen también que la dimensión afectiva posee un papel que desempeñar. Lograr que los niños adviertan que los sentimientos de otras personas cuentan tanto como los propios y una capacidad para entender a los demás en diferentes situaciones son también parte de una educación moral como la posibilidad de pensar y actuar conforme a unos principios. Concibiendo la educación moral como una parte del desarrollo personal y social, PRING (1984, pág. 117), postula una forma de *curriculum* que toma en consideración al menos cuatro factores. En primer lugar, la *capacidad cognitiva,* que incluye la capacidad evolutiva de pensar en términos de rectitud y de principios. En segundo lugar, *los hechos que deben conocerse,* lo que en el caso del deporte supondría el conocimiento de las reglas. En tercer lugar, un conjunto de consideraciones interrelacionadas, que él denomina *actitudes, sentimientos y disposiciones.* Aquí se incluiría, en el caso del deporte, la generación de una actitud apropiada hacia las reglas y el árbitro así como un respeto y una comprensión hacia los compañeros de juego. En cuarto lugar, la *aplicación práctica.* Esto supone, de nuevo en el caso del deporte, la realización concreta de los tres factores anteriores. Exige al respecto "fuerza de carácter", sobre todo si lo que se considera como "justo" va en contra de la presión predominante en el grupo.

En sus reflexiones sobre la educación KANT (1960) reconoció que ésta no se limita al aprendizaje de textos. Creía firmemente que lo esencial en educación es la formación de la persona por sus propios esfuerzos en términos de sus aptitudes y de su carácter (1960, págs. 2-3). Para él, la exigencia de vivir conforme a la naturaleza abre el camino a la exigencia de ir más allá de la naturaleza mediante el ejercicio de la razón en términos del deber y de la ley *(ibid.,* pág. 108). Según KANT, el fin primario de la educación es el desarrollo del carácter moral. Para conseguirlo, cada alumno debe obtener no sólo el respeto de los demás, quienes le verán como un fin y nunca simplemente como un medio, sino también el cultivo de un respeto de sí mismo. Cuando un niño (o una persona) miente, se degrada por despojarse de su dignidad y de la confianza que cada individuo debe poseer (*ibid.*, pág. 102). Mentir, engañar y otras formas de aprovecharse de otro no sólo resultan lamentables en términos sociales sino también por el daño moral que supone a su propio carácter. Se explicará brevemente que tales actos autoexigentes, aplicables en la esfera del deporte y de los juegos no menos que en otros terrenos de la vida, son por su naturaleza tanto sociales como personales. La mentira y la trampa deben ser condenadas en cuanto que hay que mantener la honradez y la sinceridad porque afectan al propio respeto de la persona así como a la calidad de sus relaciones con los demás. KANT no consideró la formación del carácter como algo que tiene lugar de la noche a la mañana, sino más bien como la consecuencia de un proceso constante y prolongado de autoformación. Se halla singularizado por una firme prosecución de un propósito, basándose en principios morales razonados y universalizables. Debe advertirse la concordancia que, en este último punto, ofrece la descripción por parte de PETERS (1981a, pág. 29) de "tener carácter", que resalta la regulación de la conducta conforme a unos principios de orden superior. Lo que en general debe comprenderse es que, como observa WRIGHT (1971, pág. 203), la noción de carácter en su sentido moral no puede definirse a través de "una serie de acciones realizadas, como si fuera una descripción, bien de los principios que proporcionan coherencia y significado a la conducta del individuo, bien de las disposiciones subyacentes y relativamente permanentes".

Las consideraciones de KANT respecto a la relación entre la educación y la formación resultan importantes para el movimiento al menos en tres aspectos. En primer lugar se la estima como moral, basada en principios razonados y universalizables. En segundo lugar, subraya la concesión de un respeto a los demás así como la existencia de un respeto por sí mismo. En tercer lugar, llama la atención sobre el hecho de que el desarrollo del carácter no es un proceso pasivo sino que se trata de algo autónomamente activo y deliberado que implica la autoformación. Sostendré todos estos puntos cuando me refiera al deporte y a la conducta apropiada para éste. Sin embargo, y antes de abordar más específicamente esta tarea, resultará útil examinar la base ética del deporte, que será descrita como una forma singularizada de práctica relacionada con la imparcialidad.

El deporte como imparcialidad

La idea y la práctica del deporte a la que deseo referirme aquí se interesa por la justicia como imparcialidad. Al hablar de la justicia como imparcialidad, y aunque se preocupe predominantemente por la práctica social de las instituciones, RAWLS (1958, pág. 165) reconoce que existe una distinción pero también una conexión entre la aplicación del término imparcialidad a una práctica y su aplicación a una acción específica de un individuo. En su libro *A Theory of Justice* explica su teoría de la "imparcialidad" con referencia a dos principios: los de libertad e igualdad (1972). Afirma que la libertad constituye un valor humano básico que las personas racionales siempre desearían incluir y proteger en sus prácticas y que este derecho a la libertad se antepondrá siempre al principio de igualdad de oportunidades. Quiero desarrollar esta posición general de RAWLS en su relación con el deporte y tratar de evidenciar que la práctica del deporte es no sólo justa sino esencialmente moral (a pesar de su ruptura de cuando en cuando).

En términos "amplios", la justicia como imparcialidad se relaciona con el deporte en cuanto alude al principio de libertad, ya que un individuo posee el derecho de escoger (o rechazar) los deportes que practicará[5]; y, en términos estrictos, en cuanto que acepta las reglas que caracterizan a ese deporte tal como es. En el grado en que el individuo ve su vida y su carácter moral ligados y coexistentes con las elecciones que haga, con las actividades que acometa, con los esfuerzos que realice, advertirá que el deporte no es menos "serio" que otras formas de la práctica humana. Lo importante aquí es que, aunque pueda considerarse a un deporte como un tipo particular de práctica, caracterizada

[5] Es importante la cuestión de que los juegos escolares sean o no obligatorios, dado que plantea la pregunta de si es posible justificar en términos de libertad algo que resulta obligatorio.

No me propongo participar aquí en esta controversia, al margen de decir junto con algunos educadores que primero es necesario iniciar a los chicos en una actividad, aunque sea obligatoriamente, antes de brindarles la posibilidad de decidir si les interesa continuarla.

Véase el Capítulo V para comentarios posteriores sobre este punto y cuestiones anejas.

por sus reglas, no posee un carácter discontinuo, ni está en modo alguno separado, de la vida o las preocupaciones morales. Es, en realidad, una forma identificable de vida y, como la ley o la medicina, no resulta moralmente irrelevante[6]. Del mismo modo, la igualdad se relaciona también con el deporte en cuanto que quienes participan en uno determinado se integran en el pleno conocimiento de que sus reglas se aplican tanto a ellos mismos como a todos los demás. Entienden y aceptan que dichas reglas interesan a *todos* los jugadores y que constituye parte de la práctica esperada del deporte el hecho de que sean *imparcialmente* aplicadas de modo que un jugador o un equipo no consiga una ventaja injusta sobre otro. También resulta básico que el deporte se desarrolle como una práctica competitiva. Si se estimase que las reglas del deporte no se interesaban por el logro de una imparcialidad, el deporte dejaría de ser, en este sentido, la práctica que es. El agente racional, como jugador, no sólo habrá llegado, antes de participar, al compromiso sobre una igualdad de trato sino que, como participante, mantendrá y se someterá a lo que sea imparcial. Se advertirá entonces que, en el concepto de imparcialidad en el deporte, resulta fundamental el reconocimiento y la aceptación de que las reglas que al tiempo constituyen y determinan el juego no sólo han de ser admitidas de antemano sino observadas de buen grado en la práctica. Lo que aquí importa es que, tanto lógica como moralmente, existe sólo un medio de participar de un modo imparcial en el juego y es a través de las reglas[7]. La actuación injusta no procede tanto de la transgresión accidental de las reglas como de su deliberado quebrantamiento. Las trampas y los trucos sucios se denominan así, no porque violen las reglas, sino porque las burlan intencionadamente con la esperanza de lograr una ventaja injusta. Tales actos no son simplemente "ilegales", en el sentido de que no se adecúan a las reglas, sino que resultan inmorales en cuanto que se ha quebrado el consenso logrado con los demás. KEENAN (1975) expresa así este punto de vista:

> Si surgen trampas de algún tipo entre los participantes en el juego es que éstos simplemente no han adoptado el principio de imparcialidad y la moralidad de la justicia (pág. 117).

---

[6] Dos artículos de interés aquí y que abordan los aspectos "serios" y "no serios" de los juegos y que pueden tener consecuencias en el deporte son los de Kolnai (1965-1966, págs. 103-108) y Midgley (1974, págs. 231-253).

[7] Esta tesis ha sido recientemente puesta en tela de juicio, véase Lehman (1981).

El acto de transgredir las reglas en el deporte es algo semejante al incumplimiento de una promesa formulada; tratar de conseguir una ventaja injusta mediante el quebrantamiento de las reglas no es deporte en manera alguna, porque el concepto de deporte supone una represión de los actos realizados para obtener una ventaja injusta. Más aún, se reconoce la parcialidad de algunos actos en la circunstancia de que, aunque puedan ser permitidos por las reglas, contravienen en realidad el espíritu de la práctica[8]. La actuación imparcial supone algo más que acomodarse simplemente a las reglas; exige también un compromiso por lo que representan en el nombre de la imparcialidad. El principio de la igualdad en el deporte da por asumida la aceptación del deber de imparcialidad de todos los participantes. Quienes hayan captado este principio no sólo habrán admitido una serie común de reglas y su espíritu sino que entenderán que las aspiraciones y los intereses de los demás así como los suyos sólo serán realidad a través de dicha práctica. Habrán advertido que, para reconocer a otro jugador como persona, es preciso considerarle y actuar respecto a él de cierta manera. Esto no sólo conduce a la conservación del deporte como práctica, sino que posee unas implicaciones claras sobre el modo en que hay que desarrollar las relaciones en términos de esa práctica.

A la hora de resumir la opinión según la cual el deporte, como algunas otras prácticas socialmente constituidas, se interesa por la justicia como imparcialidad, puede decirse que está afectado básicamente por los dos principios gemelos de libertad e igualdad. Si se priva al deporte de estos principios fundamentales, dejaría de existir la práctica tal como ha sido constituida. El deporte es justo en cuanto que todos los participantes acepten sin objeción sus reglas y se sometan voluntariamente a su naturaleza y espíritu constrictivos aun cuando sea posible lograr una ventaja por no proceder así. En aspectos importantes, el juego limpio en el deporte radica no tanto en las actuaciones del árbitro como en las acciones de los jugadores y en las razones que tienen para comportarse de ese modo. Se advertirá así que resultan mutuamente reforzantes el concepto del deporte como imparcialidad y la posesión y formación del carácter.

---

[8] Para una exposición clara de la razón, véase Fraleigh (1982 y 1984).

El deporte y el desarrollo del carácter moral

No son desconocidas las reivindicaciones del deporte como formador del carácter. A menudo se menciona que de una participación en juegos y deportes, surgen cualidades tan admiradas como la lealtad, la cooperación, el valor, la resolución, la fuerza de voluntad, el dominio de sí mismo, la resistencia, la perseverancia y la determinación. Se advertirá, no obstante, que tales cualidades no están limitadas al deporte o resultan peculiares de éste. Sin embargo, estimadas en sí mismas pueden considerarse como rasgos humanos deseables pero que no son en sí mismos morales. Ladrones y asesinos, por ejemplo, pueden mostrar estas mismas cualidades y ser admirados por ellas pero nadie pretendería afirmar que las prácticas que emprenden son morales. Existe una gran diferencia entre la significación del carácter en general y el desarrollo de un carácter ético o moral. La pregunta conceptual que por eso se suscita es ésta: ¿es el deporte el tipo de práctica humana que está lógicamente ligada y que resulta consecuente con el desarrollo de un cáracter moral? Si puede aceptarse la idea del deporte como imparcialidad, tal como se esbozó antes, se deduce que, cuando uno se interesa por su enseñanza, se preocupa *ipso facto* por la moralidad de su práctica y la preservación de sus ideales y normas. Sin una adecuada comprensión de sus reglas y de los principios subyacentes en que éstas se basan, el deporte no sería ni podría ser todo lo que es y lo que debe ser en términos de comprensión moral y de conducta. Esta es una cuestión bien reconocida tanto por ASPIN (1975) como por MEAKIN (1982). El carácter moral se desarrolla en el deporte, como en otras esferas de la vida, en cuanto que se cultivan y dirigen (para sostener lo que es imparcial, justo y en interés de todos) cualidades humanas admiradas como la lealtad, el valor y la resolución. Hasta este punto puede afirmarse que la práctica del deporte guarda proporción con la educación moral y el desarrollo de un carácter moral. Sin una conexión lógica con la moralidad, el deporte podría muy bien proporcionar un foro para el estímulo y la exhibición de virtudes humanas admiradas, pero no se mantendría necesariamente emparejados con el desarrollo del carácter moral. Mantener que el deporte es una actividad moral por virtud de los principios subyacentes, las reglas y los ideales que lo caracterizan no supone, sin embargo, afirmar que los participantes actúen siempre e invariablemente de un modo moral. Está caro que siempre no ocurre así. Pero eso no invalida la afirmación conceptual aquí expuesta sobre su importancia y las consecuencias que tiene para los especialistas en la educación[9].

A veces se suscita una pregunta más: ¿exige o proporciona la práctica del deporte oportunidades excepcionales para alentar y cultivar tales cualidades humanas admiradas? En ausencia de datos empíricos concluyentes sobre los méritos relativos de distintas actividades en términos de desarrollo moral, resulta difícil formular un juicio definitivo o generalizador. Pero cuando se examinan otras formas de actividades socialmente aceptables es difícil eludir la conclusión a la que llegó Maraj (1965, pág. 107):

> No existen en la vida cotidiana muchas situaciones que proporcionen, como el deporte, el tipo o el número de oportunidades que susciten las cualidades consideradas deseables.

Lo que debería advertirse es que aquí *no* se dice que cualidades como la persistencia, la iniciativa y la confianza sean en sí mismas específicamente promovidas sólo a través del deporte o que resulte posible transferirlas y aplicarlas automáticamente a otras esferas de la vida. Esta última opinión responde a una visión ingenua y carente de base de la relación entre el deporte y el desarrollo del carácter. Precisamente sobre este punto observa Nisbet (1972, pág, 65):

> No deberíamos llegar apresuradamente a la conclusión de que el jugador que se muestra valiente o leal en el campo de *rugby* vaya a ser valiente o leal en el taller, como padre de familia o como miembro de la Cámara de los Comunes.

Lo que parece más razonable es la afirmación de que el deporte, cuando se considera y enseña como una práctica socialmente constituida e interesada por la imparcialidad, proporciona un contexto de comportamiento éticamente basado en el que tales cualidades del carácter no sólo son estimuladas sino estimadas conforme a las mejores tradiciones de sus diferentes casos. En algunos deportes, por ejemplo en los saltos de esquí, cobran relevancia la audacia, la serenidad y el dominio de sí mismo; en otros, como el fútbol, se destaca el esfuerzo cooperador, el poder

[9] Véase Shea (1978) para un recuerdo útil del hecho de que los docentes de una escuela son profesionales y que eso supone la formulación de juicios éticos en relación con lo que uno está enseñando.

de resistencia y la determinación. Mientras que (por lo que yo sé) carece de base empírica la afirmación de que el deporte o el campo deportivo sea el *mejor* terreno de adiestramiento para el desarrollo de las cualidades admiradas del carácter, no parece en modo alguno irrazonable señalar que el deporte proporciona un foro excepcionalmente bueno para la manifestación estimulada de tales cualidades que son admiradas no sólo en el deporte sino en otros aspectos de la vida. Desde luego, los actos de generosidad y magnanimidad en el campo de juego son reconocidos universalmente como deportivos. De un modo similar, los actos altruistas de deportividad no sólo se consideran dignos de un deportista sino también moralmente valiosos[10].

No es tarea del especialista en educación física emplear el deporte como un *medio* de educación moral y/o del cultivo de cualidades admiradas del carácter; se interesa más bien por iniciar a los chicos en diversos tipos de actividades físicas, a algunas de las cuales se las denomina deporte. Pero al enseñar el deporte como un tipo específico de práctica humana, la responsabilidad del especialista en educación física estriba en advertir que sean adecuadamente comprendidos los principios éticos en que se basan y que la forma en que se realice esté de acuerdo con sus reglas y con el mantenimiento de las mejores tradiciones de su práctica. El especialista en educación física no puede garantizar nada más, pero como guardián influyente de una práctica éticamente basada puede hacer mucho por mantener sus más altos ideales, sus más queridas tradiciones. Como en todas las formas del aprendizaje, depende mucho de las actitudes y de los juicios aportados a lo que se hacc y de si lo que se enseña y estimula se considera como valioso en el contexto de la vida. A semejanza de la moralidad, la práctica del deporte es una especie de evaluación, un tipo de valoración de la conducta humana.

Si en el pasado se asumía con gran facilidad que las actitudes y las cualidades estimuladas y desarrolladas en los deportes eran transferibles a otras áreas de la vida, la situación presente puede considerarse como de confusión y escepticismo. Confusión porque, como ya dijimos antes, algunos educadores siguen estimando el deporte en términos de juego y marginado de la vida en vez de ser una prolongación de ésta (DEARDEN, 1968 y 1969; y PETERS

[10] La deportividad es un concepto más complejo de lo que parece en un principio. Para un análisis de sus diferentes significaciones así como de sus consecuencias morales, véase Arnold (1984b). Véase también el Capítulo IV.

1966). Escepticismo, porque son escasos o nulos los datos empíricos que muestren un nexo positivo entre el desarrollo de cualidades admiradas y una participación en los deportes. Desde luego, la observación de algunas formas y niveles de juego competitivo sugeriría incluso una relación negativa. Por útil y eficaz que fuese disponer de una prueba de los efectos de la "transferencia de adiestramiento", emanada de una participación en el deporte que alcanzase al resto de la vida, conceptualmente hablando, la posesión de tales datos no significaría gran cosa. Lo cierto es que la enseñanza del deporte supone y debe suponer la iniciación de los chicos en una forma de vida que (como implica la adquisición de destrezas, el desarrollo de un conocimiento práctico y la promoción activa de cualidades humanas admiradas así como de una comprensión y una conducta morales) representa en efecto una forma de educación.

Se concibe mejor el desarrollo de un carácter moral en el deporte en términos de una persona cuyas acciones se hallen informadas y guiadas por lo que conoce y comprende de las normas y principios éticos en que se basan esas reglas, así como por las mejores tradiciones de la práctica de la que resulta la imparcialidad y la autoformación.

Como ya se ha indicado, resulta importante la noción kantiana de la "autoformación" (1960, págs. 2-3) que puede tener lugar en el deporte. Supera la idea de una aceptación pasiva de las reglas y del sometimiento a la toma de decisiones y a la formulación de un criterio por parte de un árbitro. Denota más bien un compromiso racional y autónomo para mantener los valores de la práctica y una voluntad y una autenticidad demostradas de obedecer las reglas en interés de la imparcialidad. Entendiendo que la práctica del deporte es esencialmente moral, el jugador acepta y aprende a regular su juego en beneficio de todos. No aceptar la responsabilidad personal en el modo en que deba realizarse la práctica y confiarla enteramente al árbitro supone la desaparición del dominio de sí mismo, rechazar la oportunidad de autoformación[11]. Si significa algo el desarrollo de un carácter moral en el deporte es debido a su preocupación porque cada uno de los jugadores se autogobierne en el sentido de determinar no sólo lo que va a hacer sino de precisar lo que *debería* hacer en términos de lo que resulta justo. Si ha de conservarse

[11] Para un estudio más detenido de la cuestión, véase Arnold (1984a, pág. 280).

la idea del deporte como una forma éticamente basada de la práctica humana, debe prestarse una atención considerable para lograr que los jugadores acepten la responsabilidad de lo que hacen.

¿Qué conclusión puede sacarse entonces de lo que se ha dicho acerca del deporte, la educación moral y el desarrollo del carácter? Es ésta: que el deporte, en común con la educación, se halla básicamente interesado por lo moral no menos que por lo racional. El deporte, al menos en cuanto supone la promoción de un conocimiento práctico y de una conducta moral, es educativo. La formación y la posesión de carácter en el deporte, como en el resto de la vida, se interesa por la persona en su plena constitución, sus creencias, actitudes y conducta. Desarrollar un carácter moral no significa la identificación y el cultivo de unos cuantos rasgos deseables que resultan estimulados y exigidos en cierto número de situaciones dadas; significa más bien ayudar a los individuos en el camino de la autoformación de una manera basada en principios, auténtica y discerniente, tanto dentro como fuera del terreno deportivo.

CAPITULO IV

Las consecuencias sociales y morales de la deportividad

Al margen de la tradición del deporte, en especial tal como se practicaba en las escuelas privadas inglesas del siglo XIX, existía la idea de deportividad. Es un término al que se hacen frecuentes referencias pero que ha sido muy poco explicado. El último intento serio de examinar su significado se remonta a unos veinte años atrás[1]. Parece como si los actuales escritores deportivos hubiesen ignorado asiduamente su relevancia en cuanto a la forma en que *debería* realizarse el deporte competitivo. Incluso McINTOSH (1979, pág. 1) sólo lo menciona en un comentario de pasada en su libro *Fair Play* que aspira a "vincular un análisis de la ética del deporte con la teoría y la práctica de la educación". Lo que se expone seguidamente es, por tanto un intento de contribuir a rectificar lo que me parece una dimensión descuidada en el debate contemporáneo sobre la relación entre deporte y educación, sobre todo en el área general del desarrollo social y moral.

La deportividad, aunque más fácilmente asociada con determinados tipos de actos elogiables realizados en el contexto del deporte, se amplía otras veces a diversas esferas de la vida, sobre todo a aquellas que se interesan por una competición justa y honesta, así como por el buen humor. No me propongo abordar

[1] El artículo de Keating (1979, págs. 264-271) apareció por vez primera en *Ethics,* 75, (1964, págs. 25-35).

estas últimas aplicaciones sino centrarme en los que me parecen casos vitales, referidos todos ellos a las acciones y la conducta de los deportistas de ambos sexos cuando intervienen en el deporte. Existen, creo, tres visiones, bastante diferentes aunque relacionadas, de la deportividad y me propongo examinarlas sucesivamente. Son éstas:

(I) La deportividad como forma de unión social.
(II) La deportividad como un medio en la promoción de deleite.
(III) La deportividad como una forma de altruismo.

Cada visión tiene consecuencias para el rol del educador.

Debe aclararse que, aunque examine por separado cada una de estas concepciones en atención a razones expositivas, no deseo necesariamente mantener que no se superpongan en algún grado o que las tres visiones no puedan ser representadas en forma parcial en alguna persona en diferentes ocasiones (y quizá incluso al mismo tiempo).

En primer lugar, resultaría útil formular un comentario preliminar. Como se recordará, la idea del deporte como imparcialidad mantiene que, cuando un jugador penetra en la práctica social institucionalizada de un deporte, acepta tácitamente someterse a las reglas que lo caracterizan y gobiernan[2]. Reconoce además que el que se conserve y florezca la práctica del deporte depende mucho de que los jugadores y quienes lo rigen comprendan y actúen de acuerdo con lo que es justo. Aceptarán y comprenderán que los quebrantamientos de las reglas, en especial si son flagrantes y deliberados, destruirán la actividad misma que han aceptado realizar y mantener. Apreciarán también que si la "imparcialidad" es interpretada demasiado contractual o legalísticamente, existe siempre el peligro de que ese aspecto del deporte al que se conoce como "deportividad" se considere interesado sólo por esos actos que muestran una aceptación inmediata de las reglas y una voluntad de someterse a ellas. Se advertirá, no obstante, que ésta es una expectativa razonable de todos los jugadores y que la noción de deportividad connota algo más. Lo que hay que destacar es que la imparcialidad, si es entendida únicamente en su noción formal, sólo puede considerarse como una condición necesaria de la deportividad pero, en manera alguna,

[2] Artículo interesante en este sentido es el de Keenan (1975, págs. 115-119).

suficiente. Este punto se aplica a las tres concepciones de la deportividad que trato de esbozar.

La deportividad como una forma de unión social

La idea de deporte como unión social toma en consideración, pero supera, el acuerdo de someterse voluntariamente y de jugar según unas reglas en beneficio de lo que es justo. Se interesa también por la conservación y la promoción de sus mejores tradiciones, costumbres y convenciones de modo que no sólo pueda la comunidad que constituye la unión social cooperar activamente en el deporte sino que sus miembros se relacionen entre sí como personas a través de un modo de proceder comprendido, compartido y apreciado. Es interesante advertir que *The Sportmanship Brotherhood (Literary Digest,* 1926, págs. 60-61), que fue fundada en 1926 y que tanto contribuyó al establecimiento de las características de los juegos en la escuela privada inglesa puede considerarse una precursora de esta concepción. Su objetivo era promover y difundir el espíritu de deportividad a través del mundo al que veía, en parte al menos, como una forma de bienestar social y moral. Al adoptar el *slogan* "No ganar o perder sino participar" subrayó que la *manera* en que se realiza el deporte no es menos importante que su resultado si es que han de estimularse y mantenerse los sentimientos amistosos y fraternales. Al hablar de los juegos como un simple caso de unión social, RAWLS (1973, págs. 525-526) indica que, además de interesarse por sus reglas, lo hace también por un esquema "de conducta en que los méritos y deleites de cada (jugador) son complementarios del bien de todos". La idea del deporte como unión social no se interesa entonces simplemente por lograr que los jugadores acepten unas normas y se sometan a éstas, sino también por el mantenimiento y la exaltación de un estilo de vida en el que los deportistas hallan valor, cooperación y satisfacción mutua. Para que esta concepción de la deportividad florezca y se promueva no basta simplemente con adoptar un código específico de etiqueta o una serie de doctrinas anticuadas, sino que es preciso lograr un compromiso genuino con los valores de camaradería y de buena voluntad considerados más importantes que el deseo de ganar o el logro de la victoria. El objetivo central de la concepción de la deportividad como unión social consiste en conservar y mantener las relaciones fraternales que puedan surgir en y a través de una participación en el deporte. Más que esto, considera este objetivo intrínsecamente relacionado con la naturaleza del propio deporte. Por eso, cualquier intento de caracterizar la naturaleza del deporte sin referencia a él dejaría al concepto y a la práctica del deporte incompletos y considerablemente empobrecidos. Este aspecto, adecuadamente entendido por los profesores, puede contribuir a impedir que el deporte degenere, como sucede de cuando en cuando, en una forma de conflicto antisocial o incluso violento. Es importante destacar que la concepción de la deportividad como unión social no ha de estimarse tan sólo como un medio socialmente coherente que ayude a regular y suavizar la práctica institucional del deporte, aunque pueda surgir muy bien este efecto. Más bien debería percibirse como una comunidad de individuos unidos por una práctica específica en la que se realizan las artes caballerescas en beneficio del mutuo afecto y la camaradería. Con el estímulo de los profesores, los participantes la verán como el tipo de práctica que valora en especial aquellas cualidades y formas de conducta como el buen humor, el respeto, la cortesía y la afabilidad que conducen, en vez de destruir, a unas buenas relaciones interpersonales y unos empeños cooperadores aunque competitivos. En otras palabras, la idea del deporte como una unión social es un tipo particular de sistema social en y por el que jugadores y directivos se integran para compartir una forma de vida comúnmente valorada, una parte de la cual se interesa por la manera ideal en que se debería participar para que el sistema florezca[3]. Un ejemplo al respecto lo proporciona un incidente durante los campeonatos franceses de tenis de 1982 cuando a Wilander, el jugador sueco, se le atribuyó el punto frente a Clerc en una jugada sobre la base de que había salido fuera la pelota. En vez de aceptar la decisión del árbitro, como señalan las normas, Wilander insistió en que se jugara de nuevo porque pensó que la pelota "era buena y que no

[3] Esta concepción del modo en que puede (o debería) realizarse el deporte no deja de tener relación con lo que algunos autores han denominado "ética radical" que reconoce que "la excelencia del resultado es importante pero igualmente importante es el modo de lograr tal excelencia" (véase Scott, 1973, págs. 75-77). Sostiene también que "la victoria en un juego se supedita al modo de jugarlo" en cuanto que se estimulan cualidades como "la lealtad colectiva y el respeto por los demás". En conjunto "se concibe el juego como un marco dentro del cual pueden alcanzarse diversos objetivos, promoverse cualidades, atenderse necesidades y sostenerse unos valores". Véase Kew (1978, págs. 104-107).

tenía posibilidad alguna". El árbitro Dorfman, arriesgando un tanto su posición oficial pero consciente del bien tanto de los jugadores como del juego, aceptó la reclamación (BELLAMY, 1982, pág. 10)[4]. Otro ejemplo procede de los campeonatos mundiales de atletismo de 1983 cuando Banks, el atleta norteamericano que ostentaba la marca mundial de triple salto, fue derrotado en el tercer intento por el polaco Hoffman. En vez de mostrarse hosco e irritado, como sucede a menudo a los atletas cuando no alcanzan por muy poco la victoria, Banks reveló su satisfacción por el éxito de Hoffman dando con él la vuelta a la pista en un acto de respeto y camaradería. Entre ambos se había forjado un vínculo. Lo que está claro es que el sistema exige de todos el compromiso de hacer realidad los ideales anhelados por la unión de un modo que les predisponga a su continuación fraternal. Cuando se considera el deporte de esta manera, puede concebirse la deportividad como un término evaluativo que es atribuido a aquellos que no sólo participan conforme a las reglas sino que se mantienen fieles a su espíritu mediante actos y formas de conducta que no son requeridos por éstas sino libremente ejecutados de acuerdo con las mejores tradiciones de una rivalidad competitiva pero amistosa. Esta es una parte de la herencia del deporte en la que todos los chicos deberían iniciarse. La visión del deporte como unión social contempla así, al margen de una aceptación inmediata de lo que es justo, los actos de deportividad como relacionados principalmente con las mejores tradiciones del deporte como forma valorada y compartida de vida. Dentro de esta concepción, la deportividad concuerda más con un tipo particular de socialización o de ideología que predispone a los miembros del grupo a actuar de manera que gozan del apoyo y de la admiración de la unión social de la que son parte integrante. Por tal razón, el concepto de la deportividad como unión social se entiende mejor como forma idealizada o modelo de grupo que como forma de moral individual y basada en unos principios.

[4] Pueden hacerse dos puntualizaciones de este incidente. La primera es que, al preguntarle por qué había desafiado la decisión arbitral, Wilander respondió que no podía aceptar ganar "así" por lo que se entendió que no sólo lo hubiera considerado injusto, sino que habría resultado deshonroso para él y en descrédito de su adversario que también estimaba correcta la jugada.

La deportividad como un medio en la promoción del deleite

El análisis de la deportividad efectuado por KEATING (1979), aunque tenga algo en común con la idea del deporte como unión social, procede más del significado etimológico del deporte que en esencia es, según dice,

> un tipo de diversión que tiene como fin directo e inmediato la distracción, el deleite y el placer, dominados por un espíritu de moderación y generosidad (pág. 265).

Contrasta el deporte con el atletismo del que señala:

> es esencialmente una actividad competitiva que tiene como fin la victoria en la prueba y que se halla caracterizado por un espíritu de dedicación, sacrificio e intensidad (*ibid.*).

Lo que importa comprender es que, cuando KEATING habla de "deporte" y de "atletismo", no piensa necesariamente en una diferencia entre actividades específicas (por ejemplo, las de campos de juego y las de pista) tanto como en una actitud o motivación hacia ellas (1973, pág. 167). Asocia al término de "deporte" la noción de juego y el hacer algo en cuanto tal, y a la noción de "atletismo" asocia el concepto de prueba y la lucha por la victoria.

No pretendo extenderme sobre las dificultades del mentenimiento de una posición tan simplista y tajante. Sin embargo, parece necesario formular algunos comentarios en beneficio de la claridad. En primer lugar, aunque pueda ser cierto que el juego se asocia más fácilmente con unas actividades que con otras, no debe suponerse que se limita a ésas o que sólo pueda expresarse adecuadamente en tales términos. El juego puede encontrarse en actividades "serias" como la guerra, de la misma manera que pueda estar en otras no serias. En segundo lugar, el hecho de que una actividad sea competitiva no impide necesariamente la existencia de una actitud lúdica al respecto. Esto es cierto incluso cuando se reconoce que una preocupación por ganar puede a veces inhibir y hasta neutralizar el espíritu lúdico. Sin embargo, reconocerlo no es decir, como afirma KEATING, que si una actividad es competitiva, por fuerza se deduce que la acompaña una determinada actitud[5]. En tercer lugar, resulta innecesariamente confuso suponer, como hace KEATING, que el "atletismo" se interesa por la competición mientras que el deporte no. Lo cierto es que la mayoría, si no todas, las actividades físicas corrientemente conocidas como deporte son competitivas en un sentido o en otro. Esta es una característica lógica, aunque trivial. A la vista de ello, podría haberse dicho de modo menos sorprendente que la actitud del "deportista" hacia esa familia de actividades físicas a las que se conoce como deporte, difiere de la del "atleta". Sin embargo tal diferencia de actitud no procede, como señala KEATING[6] (1979, pág. 266 y 1973, pág. 170) de la naturaleza constituyente de las propias actividades, sino más bien del modo en que las consideran quienes participan. En cuarto lugar, tampoco se deduce, como han señalado algunos otros autores[7], que sus motivos sean necesariamente indeseables o inmorales en algún aspecto. Existe una gran diferencia, por ejemplo, entre un participante dispuesto a conseguir una victoria honrosa y otro resuelto a derrotar a toda costa (y quizá humillar) a un adversario[8].

Tras haber formulado estas observaciones ahora resultaría útil examinar y comentar, aceptando por el momento las dos maneras que tiene KEATING de considerar las actividades competitivas, lo que equivale a dos modos de ver la deportividad. Parecería que para el "atleta", habida cuenta de su objetivo de "posesión exclusiva" más que de empeño cooperador, la deportividad nunca puede ser mucho más que un medio de eliminar algo de la crudeza de la pugna competitiva. Su objetivo es mitigar los efectos de lo que se considera como enfrentamiento y reto entre dos

---

[5] Véase Gallie (1955-1956, págs. 167-198), quien afirmó que la competición es un concepto normativo y, como tal, expuesto a ser impugnado dado que los marcos evaluativos que lo rodean son a veces irreconciliables (por ejemplo, una "ética de prestamista" en donde ganar lo es todo, frente a la "ética radical" a la que alude la nota 3 de la pág. 63).

[6] Fraleigh (1975, págs. 74-82) ha abordado algunas de las complejidades de esta cuestión.

[7] Bailey (1975, págs. 40-50) afirma que, dado que los juegos competitivos se interesan por la victoria, sobre todo cuando resultan obligatorios, no sólo son moralmente discutibles sino además moralmente indeseables respecto a aquellas conductas y actitudes encaminadas a la derrota del otro bando y todo lo que esto supone tanto para el vencedor como para el vencido.

[8] Arnold (1982, págs. 126-130) trata de refutar la concepción de la competición de Bailey y señala las diferencias entre "intentar ganar" cuando se compite y la actitud y el resultado de "ganar a cualquier precio". Menciona también los valores intrínsecos de los juegos competitivos.

adversarios. En estas circunstancias la deportividad, parece decir KEATING, sólo puede facilitar, suavizar y, en cierta medida, hacer más civilizado lo que es, ante todo, un choque entre dos que luchan por un premio. Así sucede quizá especialmente en deportes como el boxeo y la lucha. El atleta advertirá la necesidad de una conducta disciplinada y de un autodominio, de la cortesía incluso, pero no se mostrará inclinado a expresar cordialidad o generosidad. Para el atleta, deportividad significa, sobre todo, el logro de la victoria de un modo digno y honroso; verá la necesidad de "un sometimiento imparcial y equitativo a las reglas" y la necesidad de "modestia en la victoria y de una compostura apacible en la derrota", pero eso es todo. "La imparcialidad o el juego limpio", afirma KEATING (1973), es "la virtud central en el atletismo" (pág. 170). Su motivo principal e impulsor será, sin embargo, el resultado de "ganar", más que unos sentimientos amistoso o de deleite. En resumen, la presentación que hace KEATING de la deportividad en el atletismo parece muy de acuerdo con la idea del deporte como justicia que, como ya indiqué, debería ser una expectativa de todos los participantes. Quizá por eso no puede considerarse en modo alguno como un tipo de deportividad. Cumple los requisitos mínimos pero no pasa de ahí.

Por otro lado, para el *"deportista"* deportividad se convierte en algo más amplio. Aquí la deportividad consiste en algo más que tan sólo obedecer un código legislativo (de esto se podría acusar erróneamente a la teoría del deporte como justicia). Ni se la entiende mejor al representarla con aquellas virtudes que a menudo acompañan al jugador admirado, como el valor, la resistencia, la perseverancia, el autodominio, la independencia, la autoconfianza, la sangre fría y el respeto propio (con que en buena parte está relacionada la teoría del deporte como desarrollo del carácter). Más bien se interesa por aquellos "hábitos o cualidades morales" relacionados de modo esencial y característico con la generosidad y la magnanimidad (KEATING, 1979, pág. 266). A diferencia del jugador simplemente "justo", el verdadero deportista adopta una actitud caballeresca hacia sus derechos, tal como los permite el código. Prefiere ser magnánimo y sacrificarse si, con semejante conducta, "contribuye a la alegría de la ocasión" (*ibid.*). Es importante advertir que, en la explicación que da KEATING del deporte, la competición no es predominantemente concebida en términos lógicos de "posesión exclusiva" por una u otra de las partes rivales, sino más bien en términos de un empeño cooperador que debe considerarse como una fuente potencialmente compartida de deleite. Según KEATING, la deportividad para el deportista es esencialmente un modo deseable o eficaz de actuar en el deporte, que resulta de acuerdo con la promoción del deleite y el espíritu lúdico.

Desde el punto de vista moral, la explicación que da KEATING de la deportividad suscita al menos tres preguntas. La primera es: ¿puede ser considerada moral la deportividad en relación con el deporte si sólo se la concibe como un *medio* o instrumento en la promoción del deleite? La respuesta a esta pregunta depende mucho de si está o no adoptando una posición utilitaria hacia las cuestiones morales y no lo aclara.

La segunda pregunta se refiere al sentido en que KEATING emplea el término deportividad como "categoría moral". Si quiere decir con eso que es "independiente"[9], no puede afirmarse propiamente que sea moral dado que resulta inaplicable a la vida al margen del deporte. De manera semejante, si se la quiere considerar como una forma de juego, como parece ser, entonces al menos en un nivel de análisis, es "no seria" y, por tanto, no moral en sus consecuencias. Si, por otro lado, pretende que la deportividad se interesa por el tipo de acciones que pertenecen a la categoría general de lo moral y están por eso relacionadas de algún modo con la vida, debería haberse declarado más explícitamente. Pero, si es así, subsiste el problema de cómo reconciliar esta interpretación con la noción de juego. Un modo de obviar este dilema podría consistir en afirmar que, aunque el juego sea considerado generalmente como un asunto no serio, eso no quiere decir que los jugadores no lo asuman muy seriamente (en el sentido psicológico) o que no puedan ocurrir incidentes serios (por ejemplo, una muerte, una lesión o actos de malevolencia). En otras palabras, afirmar que el juego como categoría no es serio y que por consiguiente no es moral, es señalar que éste es el modo en que resulta mejor comprendido, pero reconocer al mismo tiempo que ocurren ocasionalmente cosas que lo transforman de una manera momentánea en algo más, que puede tener o no una significación moral.

La tercera pregunta se relaciona con la primera. Aunque se adopte el utilitarismo como teoría ética general, no está claro por qué la conducta encaminada a la diversión es necesariamente más placentera y, por eso, más moral que la encaminada al

[9] Para una explicación del juego visto de esta manera, véanse Huizinga (1970, pág. 32), Lucas (1959, pág. 11) y Schmitz (1979, págs. 22-28) entre otros.

logro de una "victoria honrosa". Uno siente la tentación de preguntar aquí: ¿acaso no surgen del afán por una "victoria honrosa" los mejores empeños de deportividad en términos de generosidad y magnanimidad? Un caso que respalda en cierto modo esta tesis es el de los Juegos Olímpicos de Melbourne de 1956, cuando Brasher fue descalificado tras su victoria en los 3.000 metros obstáculos por haber "estorbado", supuestamente, a sus adversarios. Lo importante aquí es que fueron esos mismos atletas (Rosznyoi, Laresen y Loufer) quienes protestaron a favor de Brasher y consiguieron que se anulase la descalificación, sacrificando así las medallas que, de otro modo, hubieran ganado.

En general, la tentativa de KEATING de considerar la deportividad en términos de "atletismo" y de "deporte" refiriéndose a la competición, o de su ausencia relativa, no es del todo clara ni útil. No es útil especialmente desde el punto de vista educativo porque, en primer lugar, reduce el deporte a ser nada más que un medio en la consecución del deleite; y, en segundo lugar, al obrar así, olvida cualquier reivindicación intrínsecamente valiosa en las tendencias antes sugeridas, que sin duda posee. Lo que subyace no obstante en el análisis de KEATING es la importancia del espíritu del juego que puede estimularse, y así debería hacerse, en el deporte y los atributos deseables de magnanimidad y generosidad que aparecen asociados.

La deportividad como una forma de altruismo

Ya debería estar claro que el término deportividad y su relación con el deporte y la moralidad son más complejos y sutiles de lo que con frecuencia se supone. En la concepción de la deportividad como unión social se indicó que ésta se refiere, en buena parte, a la conservación y a la ejemplificación de una forma valorada de vida quc otorga relevancia a un modo idealizado y amistoso de participación. La concepción de la deportividad como deleite se interesa principal y característicamente por la conducta generosa y magnánima que lleva a la promoción de la diversión y del placer. La visión de la deportividad que ahora presentaremos adopta una posición diferente. Esta concepción se interesa más por considerar la deportividad como una forma de conducta altruistamente motivada que se ocupa del bien o del bienestar de otro. De nuevo he de recalcar que no considero estas tres visiones de la deportividad como mutuamente excluyentes, sino más bien como dispensadoras de un foco o perspectiva diferente a una forma del fenómeno social que, en esencia, es reconocible y comprendido.

¿En qué consiste entonces más exactamente la concepción altruista de la deportividad y en qué forma, si esto es posible, puede considerársela como un tipo moral de conducta? Con objeto de referirme a la segunda parte de la pregunta, propongo contrastar la concepción kantiana de la moralidad con la que denominaré concepción altruista. Para KANT la moralidad es fundamentalmente una cuestión de razón y de racionalidad. Reside y está basada en la adopción de unos principios que son universalizables, imparciales, consecuentes y obligatorios. Destaca la elección, la decisión, la voluntad y la cuidadosa reflexión[10]. Al referirse a la tradición kantiana, WILLIAMS (1976) escribe:

> El punto de vista moral está especialmente caracterizado por su imparcialidad y su indiferencia a cualesquiera relaciones particulares, y el pensamiento moral exige una abstracción de las circunstancias particulares y de las características específicas de las partes, incluyendo el agente, excepto en cuanto éstas puedan ser rasgos universales de cualquier situación moralmente semejante (pág. 198).

WILLIAMS prosigue:

> Consecuentemente, las motivaciones de un agente moral suponen una aplicación racional de un principio imparcial y son así diferentes en su género de aquellas motivaciones que pueda haber sentido para tratar de un modo distinto a algunas personas específicas porque experimentaba un interés particular hacia ellas (*ibid.*).

Se advertirá que la concepción kantiana de la moralidad tiene mucho en común con la teoría del deporte como justicia así como con aquellos rasgos precondicionales de la deportividad que tienen que ver con la imparcialidad. Pero, al subrayar lo universal e imparcial, la concepción kantiana parece pasar por alto o desdeñar algunos aspectos de las relaciones interpersonales que son tan importantes moralmente en el deporte como en otras esferas de la vida. Me refiero a virtudes como la comprensión, la piedad, el interés y la amistad. Lo que necesita ponerse en claro es que el "punto de vista moral", si bien muy relacionado con lo imparcial y lo obligatorio, no es en manera alguna asumido enteramente por éstos. Y quizá sucede así de un modo

---

[10] Para una buena formulación de la posición kantiana, consúltese Beck (1959).

especial en la educación de los jóvenes. Al hablar entonces de deportividad como una forma de altruismo, me interesa sobre todo mostrar que la deportividad en este sentido, aunque obligada al sometimiento de unas reglas imparciales que gobiernan el juego, proporciona al mismo tiempo un impulso moral para ir más allá. Con objeto de decir más al respecto y de señalar al mismo tiempo las diferencias entre la concepción kantiana de la moralidad y aquellos aspectos de la deportividad y de la moralidad que destacan la importancia de las relaciones personales particulares, quiero examinar ahora la deportividad como una forma de altruismo. Al mismo tiempo indicaré que los actos de supererogación* están más de acuerdo con la concepción kantiana que con la altruista.

Se entiende quizá mejor el altruismo referido a aquellas formas de acción y de conducta que no se realizan simplemente en razón de lo que es imparcial y justo en términos del juego y para someterse a las reglas, sino porque, además, existe un interés genuino y una preocupación por los competidores del personaje, tanto si se hallan en el mismo bando como si están en el otro. A primera vista podría parecer que, en este sentido altruista, la deportividad tuviera que ver con los actos supererogatorios en cuanto que van más allá del deber o de lo que dictan las reglas. En común con otras formas de actos supererogatorios, los actos de ese carácter en el deporte tienen que ver, como señala HARE (1981) con aquellos que son "meritorios pero no obligatorios" (pág. 198). Dicho de otro modo, afirmar que un acto en el deporte es supererogatorio es señalar dos cosas. En primer lugar, el deportista no está obligado moralmente (o por las reglas) a efectuarlo. En otras palabras, se le permite no realizarlo. En segundo lugar, la acción es moralmente elogiable; resultaría loable que fuese realizada. Al hablar de la necesidad de otorgar espacio a las acciones morales que están fuera del campo de la obligación, URMSON (1958) podría muy bien estar refiriéndose a los tipos de situación con los que se enfrenta el deportista. Afirma que existe una amplia gama de acciones cuyo rango moral no es lo bastante expresable en términos de la clasificación tradicional de acciones en moralmente prohibidas, moralmente neutras y moralmente obligatorias, y que es necesario dejar sitio "a una gama de acciones que presentan un valor moral y que un agente puede sentirse impulsado a realizar, pero que no se puede exigir y cuya omisión no puede calificarse de malévola" (pág. 208).

*Supererogación: acción ejecutada sobre o además de los términos de la obligación. *(N. del R.)*

En el deporte parecen existir, al menos, dos maneras en que un acto puede ir más allá del deber (o de las exigencias del juego limpio). La primera consiste en actuar por obra del interés por otro o con un cierto riesgo, coste o sacrificio para uno mismo. Un ejemplo al respecto podría ser el de un corredor de la maratón que, al precio de la victoria, se detiene para ayudar a otro corredor necesitado. La segunda manera consiste en actuar en beneficio de otro de modo que éste obtenga un bien mayor que si el agente se hubiera comportado conforme a su deber o de acuerdo con las reglas. Un ejemplo real es el de Meta Antenan que, aunque encabezaba una prueba de salto de longitud frente a su gran rival alemana, pidió a los jueces que otorgasen a ésta un período de descanso más prolongado que el señalado por el reglamento porque acababa de tomar parte en otra prueba[11] (BOROTRA, 1978, pág. 8).

Puede pensarse que tales ejemplos de deportividad son tanto supererogatorios como altruistas en cuanto que van más allá de lo que requiere el deber o una observancia precisa de las reglas. Pero debería señalarse que si bien los actos de supererogación y de altruismo tienen algunas cosas en común —es decir, poseen un valor moral y no son moralmente obligatorios— presentan también importantes diferencias que impiden su asimilación. Mientras que los actos supererogatorios tienden a proceder de un marco tradicional dominado por las nociones de deber y de obligación, y algunos escritores (GRICE, 1967, Capítulo 4) han hablado incluso de "ultra obligaciones", los actos altruistas se perciben mejor como pertenecientes a un campo completamente distinto de experiencia moral. En tanto que de los actos supererogatorios se considera que suponen "hacer más de lo que exige el deber" de un modo sacrificado o ennoblecedor, los actos altruistas son promovidos por diversas formas de emoción altruista. Mientras que el deportista "supererogatorio" puede verse impulsado a actos que para él posean la fuerza de un deber pero que no reconocería como de la incumbencia de otros, el deportista "altruista" puede verse empujado a efectuar algunos actos por las emociones del interés y de la asistencia[12].

---

[11] Como consecuencia perdió la competición por un centímetro.

[12] Lyons (1983, págs. 125-145), de acuerdo con estas afirmaciones que hago, habla de una "moralidad de reacción y asistencia". Esta autora la contrasta con una "moralidad de justicia", que procede mas de la tradición kantiana y se basa en las obligaciones y el deber.

Al referirme a los dos ejemplos de las formas de deportividad de "ir más allá del deber" anteriormente citadas se advertirá que una u otra, o las dos, pueden considerarse como "supererogatorias" o "altruistas". La interpretación correcta dependería de las consideraciones o estados que las impulsasen. Las acciones morales en el deporte, como otras acciones, no pueden ser adecuadamente entendidas sólo con referencia a su forma externa.

Se advertirá que las formas supererogatorias o altruistas de deportividad son esencialmente diferentes de aquellas otras que tienen que ver con una serie convencional de valores referidos a la conservación de la cordialidad y de la armonía de grupo o con la búsqueda eficaz del deleite.

Lo que en especial caracteriza a las formas altruistas de deportividad es que la comprensión, la piedad y el interés están orientados hacia el otro en virtud de sus sufrimientos, sus afanes, su angustia o su dolor. El deportista altruista no sólo piensa y se muestra afectado por el conflicto del otro sino que actúa de modo que le proporcione ayuda o consuelo. Los actos altruistas de deportividad surgen de un deseo por el bien del otro. Esto conduce, a veces, a formas impulsivas o espontáneas de conducta surgidas del contexto deportivo como cuando, por ejemplo, el saltador húngaro Karpati acudió a consolar a un derrotado y desconsolado rival. Adviértase que tales actos no son motivados por virtudes kantianas como la obligación y el deber, sino por una reacción sensible y humana ante la condición del otro. Conforme a la concepción racionalista kantiana, esos actos basados en emociones altruistas se considerarían inaceptables como motivos morales por resultar demasiado transitorios, mudables, quizá emocionalmente impregnados y no suficientemente distintos, imparciales y consecuentes. Puede preguntarse sin embargo: ¿son por eso menos morales? Blum (1980, pág. 93), que estudió este mismo problema, afirma por ejemplo, "que el campo en que la acción moralmente buena toma la forma de principios universalizables de obligación no agota las áreas de la acción moralmente buena". Señala además que existen diferentes tipos de virtudes. Algunas están expresadas por la concepción kantiana: justicia, imparcialidad, equidad, etc., mientras que otras como la amabilidad, la atención y la piedad son expresadas mejor por la concepción altruista (*ibid.*).

Mientras que la concepción kantiana se interesa predominantemente por lo que es justo para todos, la concepción altruista se preocupa más por el bien del otro, aunque esto signifique a veces actuar de un modo más particular y personal que objetivo e imparcial y/o de estricto acuerdo con lo que dictan las reglas. En conjunto, la concepción altruista de la deportividad, contrastando con la concepción como unión social y con la concepción como prosecución del deleite, no procede de una preocupación por la conservación de una forma valorada y especial de lo interpersonal en la vida o de la promoción del placer como ética sino más bien de un interés particular y genuino por el bienestar de otro. Cuando los actos en el deporte van más allá de lo que en general se espera de los jugadores y se realizan atendiendo sólo al bien de otro y por ninguna otra razón, no son sólo altruistas sino que constituyen ejemplos de las mejores tradiciones de la deportividad. Ayudan además a caracterizar lo que significa estár educado moralmente.

CAPITULO V

Deporte competitivo, victoria y educación

Pese al actual debate sobre la materia, la naturaleza y significación de la competición en educación sigue siendo controvertida. Las cuestiones tienen un amplio alcance y no es posible analizarlas aquí por completo. Poseen, sin embargo, una repercusión en el lugar del deporte competitivo, sobre todo en el contexto de la educación moral y, por esta razón, algo habrá que decir primeramente sobre la competición en relación con la educación en general antes de examinarla en su relación específica con el deporte.

La competición como concepto discutido

Se dice, a veces, que la competición es un concepto normativo "esencialmente discutido". Eso equivale a afirmar que lo que se entiende por el término procede de unos sistemas incompatibles de valores de modo que no es posible ningún análisis coherente[1]. Cada sistema de valores realiza su interpretación de

[1] Fielding (1976) escribe:

Un concepto "esencialmente discutido" es el que indica que las disputas no se resuelven por sí mismas ni siquiera cuando los enfrentados son conscientes de las interpretaciones rivales. Desde luego, los que participan en la discusión tratan de formular posteriores argumentos y justificaciones para respaldar sus afirmaciones con objeto de establecer aún más firmemente su propia interpretación particular.

(Continúa en página siguiente)

acuerdo con los que afirma ser "argumentos convincentes, pruebas y otras formas de justificación" (GALLIE, 1964, pág. 157). A este respecto, la competición es semejante a otros conceptos discutidos como "arte" y "democracia". En términos muy generales, sin embargo, puede decirse que existen dos concepciones acerca de la competición: positiva y negativa. La concepción positiva es la que sostiene que la competición es una condición previa del desarrollo personal y del progreso social y que proporciona un marco dentro del cual pueden distribuirse justa y libremente beneficios y cargas. Semejante marco, se afirma, resulta necesario para alentar y preservar cualidades como la iniciativa, el ingenio y la independencia. Por otro lado, la concepción negativa mantiene que las situaciones competitivas amenazan los empeños cooperadores, contribuyen a minar unas valiosas relaciones personales y sociales y forman una distinción errónea entre ganadores y perdedores. La competición, se dice, es a menudo la fuente de la envidia, de la desesperación, del egoísmo, del orgullo y de la insensibilidad.

Cuando, en el contexto de la educación, se debaten estas concepciones de la competición ideológicamente opuestas no es sorprendente que surjan quienes se muestran a favor y quienes están en contra. Así, por ejemplo, PRVULOVICH (1982), un defensor de la competición, escribe:

> La competición puede lograr y logra nuevos talentos, a menudo inimaginados y en sus diferentes formas nutre diversas capacidades y distintas aptitudes y destrezas. Estimula además nuevos empeños y suscita el anhelo de un mayor conocimiento y de una más honda autorrealización (pág. 82-83).

(Viene de la página anterior)

En este tipo de situación, algunos filósofos han adoptado la posición de que las cuestiones tienen solución y que es probable que ésta se logre mediante el examen de los presupuestos metafísicos de los participantes (pág. 135).

Pero, W. B. Gallie (1956), pionero en acuñar la noción de un concepto esencialmente discutido, señala que, aunque las disputas interminables lo sigan siendo precisamente por obra de un empecinamiento metafísico o desde luego psicológico, no tiene por qué ocurrir así necesariamente. En ciertos conceptos que resultan esenciales en la estética, la filosofía política y la filosofía de la religión estas disputas aparentemente interminables

> son perfectamente genuinas; (y) aunque no pueden resolverse por argumentación de ningún tipo, sin embargo se hallan respaldadas por argumentos y pruebas perfectamente respetables... Esta utilización del concepto, mutuamente discutible y mutuamente discutido, caracteriza su uso general estándar (pág. 169).

Por su parte FIELDING (1976), que es un representante de la concepción negativa, escribe:

> Rechazo la competición en la escuelas; como ideal social, la competición social se me antoja odiosa; la competición como norma de procedimiento es moralmente repugnante porque, fueran cuales fuesen los demás criterios que se desee incluir u omitir, yo insistiría en que parte de dicha perspectiva contiene cierta referencia a actuar contra otros dentro de un espíritu de egoísmo (pág. 140).

Tal vez en un esfuerzo por lograr una explicación analítica neutral de la competición frente a declaraciones tan cargadas de valores como las mencionadas, DEARDEN (1976) plantea tres condiciones separadamente necesarias y conjuntamente suficientes para que A y B se hallen en competición por X:

(I) Tanto A como B tienen que desear X. Ha de existir algún objeto común deseado por ambos.
(II) La ganancia de X por parte de A debe excluir la de B.
(III) Tanto A como B deben persistir en lograr la posesión exclusiva de X aunque sepan que uno de ellos ha de ser excluido (pág. 114).

Este "esquema simplificador" de DEARDEN, como él lo denomina, aunque útil hasta cierto punto, omite demasiadas consideraciones relevantes para ser de uso universal. FIELDING (1976) lo ha criticado por dos motivos principales. El primero es que resulta demasiado simplista la "metodología esencialista" (es decir la que trata de caracterizar la competición, identificando una serie de condiciones lógicamente necesarias y suficientes). Cada condición, sostiene, puede ser "juiciosamente impugnada" por causa de la naturaleza cargada de valores del término (pág. 126). La cuestión aquí es que una metodología esencialista resulta inapropiada para la tarea de caracterizar a la competición, porque no puede ser aplicada mientras siga siendo imparcial ante una de las concepciones rivales que se brindan. La segunda de las críticas de FIELDING posee una base sustantiva (es decir, en términos tanto de lo que se suscita como de lo que más específicamente se omite en el debate respecto al empleo del vocablo[2]). Señala además que, cuando se aborda un concepto valorativo como la

[2] Fielding (1976, págs. 126-129) cita como omisiones: la relación entre competición y regulación; la naturaleza de la regulación; si la competición se halla centrada en el objeto o en el oponente; si es voluntaria o involuntaria; si se hace referencia al proceso competitivo o al motivo competitivo.

competición, resulta también importante que se preste cierta atención a su carrera histórica. Cita a MacIntyre (1971) en apoyo de la opinión según la cual:

> No podemos investigar filosóficamente una materia de un modo apropiado a menos que tomemos seriamente en cuenta el hecho de que ésta siempre posee una dimensión histórica. Esa dimensión falta en la mayoría de las obras de los filósofos de la tradición analítica (pág. 95).

Como considero estos tres puntos no sólo válidos para el análisis que hace Dearden de la competición sino, más aún, necesarios para un entendimiento de la competición en el deporte dentro del contexto de la educación, los tendré en cuenta en los apartados siguientes.

Deporte competitivo y educación

Al tomar en consideración el trabajo sobre la competición tanto de Dearden como de Fielding, Meakin (1986) examina las que presenta como críticas "fuertes" y "débiles" que son a menudo dirigidas contra la conveniencia moral de contar con el deporte competitivo como parte del *curriculum* educativo obligatorio. Me propongo examinar sucesivamente cada una de estas críticas.

La crítica aguda y una respuesta a ella

La crítica aguda contra la competición en las escuelas, en especial cuando resulta obligatoria, sostiene que la competición, en sí misma, es mala. Se afirma que es intrínsecamente inmoral y que conduce a las formas egoísta y ególatra de conducta. El deporte competitivo se considera a menudo como un claro ejemplo de estas tendencias y, como resultado, atrae censuras morales considerables. Así señala Meakin (*ibid.*):

> El objetivo de esta censura es la conducta indeseable de muchos competidores; unos malos modos que a menudo degeneran en violencia; una petulante desgana para aceptar las decisiones de los jueces y árbitros; una tendencia a burlar las reglas y a cometer transgresiones y, con más frecuencia, una conducta antideportiva hacia los adversarios (pág. 59).

La acusación más seria contra el deporte competitivo en las escuelas es entonces que resulta esencialmente inmoral y que provoca y refuerza valores y conductas sociales indeseables.

Antes de examinar esta visión del deporte competitivo, sería útil considerar la posibilidad de realizar algunos comentarios generales sobre la presencia o, de otro modo, la obligatoriedad de la competición en el contexto de la educación. Hay dos puntos de destacada importancia. El primero, como ya se ha indicado antes, es que, normalmente hablando, las elecciones morales son elecciones libres. Se suscita por eso la pregunta de, si al hacerse obligatorias las materias del *curriculum* se hallan en congruencia con la moralidad y con la educación moral. Ante esto, parecería que no es así. Pero si no se hace obligatorio lo que se considera importante en el aprendizaje y en la educación habría que averiguar, sin embargo, cómo sería posible lograr racionalmente los propósitos y objetivos educativos. Desde luego puede adoptarse la opinión de que la educación debe proceder sobre la base de iniciarse sólo cuando un alumno se sienta atraído hacia una materia o la ha aceptado voluntariamente. Al menos pueden señalarse, sin embargo, dos objeciones a esta posición. La primera es que algunos alumnos pueden no sentirse atraídos hacia una materia determinada por mucho que se haga para resaltar sus valores intrínsecos o instrumentales. ¿Deberían ser por eso desechadas? La segunda es que, en cualquier caso, el único modo de averiguar si una materia cuenta con algo gratificante o beneficioso en algún aspecto es tratar de acometerla. Una visión alternativa es que sólo iniciando obligatoriamente a los alumnos en las que se consideran actividades valiosas de una cultura, si es necesario al menos hasta una cierta edad, podrán ellos más tarde hacer una elección responsable e informada sobre lo que prefieren hacer. Como observa WHITE (1982), con objeto de que un alumno se vuelva libre "ha de pasar por un período de educación obligatoria" (pág. 132). Unicamente cuando se ha dispuesto una base suficiente en una gama de tareas seleccionadas, conseguirá un alumno hacer una elección libre y más informada de si desea proseguir con ellas.

Al examinar estas dos concepciones, me parece que la última es más sólida, tanto sobre una base moral como sobre otra pragmática. Es probable en principio, y en la práctica, que demuestre ser el modo más seguro de promover los intereses del crecimiento y desarrollo educativo de un alumno.

Al volver entonces a la cuestión principal de la competición se recordará que, a menudo, resulta importante proporcionar cierta perspectiva histórica sobre el modo en que un término ha llegado a ser utilizado y entendido. Esto es ciertamente lo que ocurre con el deporte. Originariamente, *com-petitio* significaba "examinar, esforzarse juntos". Se hallaba más estrechamente ligado a amistad que a rivalidad. En el contexto del deporte, competición era, y sigue siendo para muchos, una pugna por sobresalir[3], una forma de destacar que no sería posible a no ser por el tipo de situación que el deporte proporciona. Para competir en el deporte, como se ha señalado anteriormente, primero es necesario comprender la actividad y aceptar someterse a las reglas que la gobiernan. Si un competidor rompe o burla las reglas de un modo deliberado, podemos preguntarnos seriamente si es deporte lo que hace. La cuestión aquí es que el deporte competitivo no es, como se ha descrito a veces, una forma desenfrenada de conflicto, sino una práctica institucionalizada y regida por reglas que trata de regular lo que está y no está permitido a través de unas normas que son justas para todos. Además, se halla reforzada por una serie de conveniencias sociales y códigos de conducta de los que tradicionalmente se confía que formen parte de una competición "deportiva". De un modo paradójico, el deporte competitivo queda mejor ejemplificado como una forma regida por reglas de rivalidad amistosa que suponen una cooperación. La observación de PERRY (1975) según la cual "las competiciones nos exigen asumir la capacidad de cooperar para que resulten posibles" (pág. 128) es quizá especialmente cierta en lo que se refiere a las deportivas. Decir entonces que un juego es competitivo no significa necesariamente que esté ausente la cooperación entre los dos adversarios o los dos bandos; exlge más bien que se halle presente, al menos en un cierto grado, para la continuidad del deporte competitivo como práctica institucional.

Seguramente donde está mejor personificado el enfoque del deporte competitivo es quizá en el movimiento secular que se conoce como olimpismo. Destaca la ética del juego limpio y de la deportividad y resalta la idea de que la competición debería caracterizarse por un empeño honesto y una buena voluntad. Lejos de ver el deporte competitivo como inmoral y antisocial, lo considera como una forma de pugna que genera camaradería

[3] Simon (1985), por ejemplo, escribe que la competición en el contexto de los deportes puede ser defendida sobre la base de que "es un empeño mutuamente aceptable por sobresalir" (pág. 28).

en un mutuo afán por sobresalir. Esta imagen del deporte competitivo, como ya se verá, corresponde parcialmente a un ideal, pero ha sido y sigue siendo una parte de la historia del deporte competitivo. El hecho de que este ideal se haga o no realidad como parte de la formación de un joven depende en gran medida, si no enteramente, del modo en que se promueva y enseñe en las escuelas el deporte competitivo. Lo que se rechaza, tanto sobre la base conceptual como histórica, es la concepción de que el deporte competitivo sea esencialmente y, por eso, necesariamente inmoral.

La cuestión del egoísmo

Subsiste no obstante una acusación seria: que el deporte competitivo lleva a una conducta egoísta. Se recordará que FIELDING (1976) rechazaba la competición en las escuelas, argumentando que conducía "a actuar unos contra otros dentro de un espíritu de egoísmo" (págs. 140-141). ¿Se deduce que existe egoísmo puesto que en términos del resultado de un juego puede decirse que la victoria de una persona es la derrota de otra o que, alternativamente, la ventaja de una es la desventaja de otra?

A la vista de cuanto se ha dicho, la respuesta tiene que ser con seguridad negativa. En primer lugar, como se ha advertido, el deporte competitivo tiene lugar dentro de un marco de reglas constitutivas que son aplicables a todos los participantes. Tales reglas están encaminadas a salvaguardar los intereses de cada uno por su imparcialidad. En segundo lugar, el ideal de una "buena competición", que quizá está mejor caracterizado por los actos de deportividad, exige no sólo que cada participante juegue limpio, de acuerdo con las reglas, sino que actúe en interés tanto de los demás como de sí mismo. A menos que todos los participantes acepten cooperar al respecto dejará de existir el deporte como institución social valorada.

Apréciese que las puntualizaciones conceptuales recién formuladas respecto a lo que es el deporte competitivo no sólo contribuyen a refutar la opinión de que sea inherentemente inmoral sino que, consideradas en conjunto, proporcionan unos niveles normativos para efectuar estimaciones en relación con la conducta en el deporte. Sin una identificación clara de lo que es deporte competitivo, poco es lo que puede hacerse respecto a una evaluación de la práctica.

Lo que se ha afirmado es que la concepción tradicional del

deporte no hace de éste necesariamente una manifestación de egoísmo en razón del hecho de que sea competitivo. Desde luego, esto no significa negar que puedan ser egoístas las motivaciones de ciertos participantes. Un competidor en el deporte, como en otras esferas de la vida, puede hallarse tan absorto en sus propios intereses que desdeñe o excluya los de los demás. Un capitán de *cricket,* por ejemplo, puede preocuparse tanto por lograr cien carreras para su propia gloria que prescinda de la oportunidad que su equipo tenga de ganar el partido por no declararlo así previamente. Un tres cuartos central en el *rugby* puede ansiar tanto apuntarse la victoria con un ensayo que niegue a su compañero de línea la oportunidad de lograr la victoria del equipo. Tales actos son, desde luego, egoístas y no se les considera conformes con una buena conducta deportiva.

Del análisis anterior puede concluirse que, en un nivel individual o psicológico, no es posible negar que a veces tienen lugar en el deporte actos de egoísmo, pero que cuando se producen no son perdonados. Lo que necesita distinguirse, por un lado, es la idea del deporte y el modo en que debería realizarse y por el otro el hecho de que no siempre sea realizado así.

La cuestión de ganar

Un aspecto posterior de la crítica fuerte contra el deporte competitivo es la cuestión de ganar. Con objeto de examinarla de lleno, en relación con lo que ya se ha dicho, resultará oportuno esbozar y comentar luego un artículo de BAILEY (1975) en el que ataca y condena el hecho de ganar en la realización de juegos[4]. Es de un interés especial en este contexto porque suscita cierto número de cuestiones adicionales interesantes al educador y que pueden ser beneficiosamente debatidas.

BAILEY inicia su artículo expresando dudas respecto a la "adecuación de los juegos competitivos como parte de una educación general obligatoria". Se muestra especialmente escéptico ante la opinión de que "los juegos competitivos son, por lo general, educativos" (*ibid.*, pág. 40) y de que "generan un tipo de derivación moral y de construcción del carácter" (*ibid.*, pág. 41).

[4] Aunque el artículo de Bailey (1975) se refiere a los juegos, está hablando realmente de aquellas actividades competitivas denominadas deportes. Dada la finalidad de este capítulo he dejado la terminología tal como estaba.

Comentando un pasaje de CAILLOIS (1961), acepta como base de la argumentación que los juegos competitivos hacen de la victoria "la clave de todo el empeño" (BAILEY, 1975, pág. 40), que el lema del juego sería jugar para ganar; que las reglas existen "únicamente con el fin de lograr que resulte indiscutible la reivindicación de la victoria" (*ibid.*, pág. 41), con objeto de que los jugadores puedan "demostrar su superioridad sobre otros individuos o grupos" (*ibid.*, pág. 43).

Las objeciones de BAILEY a la inclusión de los juegos competitivos (deportes) en la educación proceden así del hecho de que los considere ligados a la noción de victoria. Por esa razón desea mantener que la clave radica en vencer una oposición con objeto de demostrar una indiscutible superioridad. Lo que resulta especialmente preocupante para BAILEY desde el punto de vista "moral" es que, al enseñar los juegos, "estamos enseñando aquellas conductas y actitudes que conducen a la derrota del otro bando" (*ibid.*). Mantiene que "puesto que la victoria es el objetivo esencial, la infracción de las reglas y las sanciones se convierten entonces en una parte de la tarea de calcular si una acción se orienta hacia la victoria o se aleja de ésta" (*ibid.*). Lo que aquí se da por supuesto es que las reglas de los juegos son simplemente "técnicas y funcionales y no morales" (*ibid.*, pág. 47). Añade que si los juegos competitivos se hacen *obligatorios* esto nos aparta aún más de la idea de libertad de la que depende la moralidad y la educación moral. Partiendo de su explicación de la conexión entre educación y juegos competitivos, sobre todo si se les hace obligatorios, BAILEY llega a la conclusión de que debemos "no sólo abandonar la tesis de que la participación en los juegos competitivos educa moralmente, sino aceptar la idea de que, en educación, deberíamos tratar de disminuir, en vez de estimular, la importancia de la competición y de la victoria" (*ibid.*, pág. 48).

Frente a esto, las reservas de BAILEY en cuanto al puesto de los juegos en la educación parecen razonables. Sin embargo, un examen más atento revela un error respecto a lo que son (o deberían ser) los juegos competitivos en la forma de *rugby*, fútbol, *hockey*, *cricket*, etc. Desde luego se muestra tan obsesionado por la idea de la victoria como clave de todo el empeño que ésta tiñe y tergiversa buena parte de lo que dice.

Mantener de los juegos, como hace BAILEY, que la victoria es su clave significa no entender la participación de los individuos. BAILEY parece pensar que, si puede atacar y minar la noción y el motivo de la victoria en los juegos, condenará cualquier cosa valiosa que haya en su práctica. Al centrarse en la cuestión de la victoria, no sólo falsea la naturaleza de la competición deportiva sino que extrae de allí cierto número de conclusiones discutibles. Comentaré, en primer lugar, la afirmación de BAILEY según la cual la victoria constituye la clave de todo el empeño.

Resultaría correcto decir que, una vez iniciada una actividad lúdica, no sería en gran medida un juego si los jugadores no tratasen de ganar. Pero supondría un error asumir por eso que la victoria es su única motivación. *Tratar de ganar* puede considerarse entonces como un rasgo necesario para competir, pero esto no puede confundirse con la *razón* o el *motivo* que tenga una persona para jugar. Para muchos escolares (y también para muchos adultos) ganar es una perspectiva rara vez lograda, pero eso no les impide desear jugar y seguir compitiendo y tratar de ganar. Su razón de jugar puede que esté relacionada con la diversión, el mantenimiento de una forma, la terapia, la amistad, la sociabilidad o intentar sobresalir más que ganar con objeto de "demostrar su superioridad sobre otros".

Si, como THOMPSON (1975) señala, "la única clave de un juego competitivo es ganar, entonces el único criterio para decidir participar en un juego es que las propias probabilidades de victoria sean elevadas" (pág. 150). Una persona sólo participaría en aquellos juegos en que ocurriera de este modo. Buscaría deliberadamente adversarios débiles con objeto de asegurarse cada vez la victoria. Está claro que si esto fuera así, la práctica del deporte sería absurda. Dejaría de existir la idea de una "buena pugna" o de un "buen juego"[5]. Lo que es evidente es que, aunque los juegos competitivos suponen la perspectiva de producir "ganadores" y "perdedores", eso no significa que ganar sea lo único que interesa al participar. Ni tampoco se deduce que su valor radique exclusivamente en ser victorioso. WEISS (1969), por ejemplo, nos recuerda que:

> Incluso los derrotados obtienen ganancia de un juego. Se benefician del simple hecho de haber intervenido en una competición, de que han

[5] Resultan aquí interesantes los comentarios de Arnold y Fraleigh. Fraleigh (1984, Capítulos 8 y 9) escribe que una buena lid se caracterizará, en parte, por consideraciones éticas como la igualdad de oportunidades para un rendimiento óptimo, una acción no agraviante, cortesía sin acoso y una consideración comprensiva. Arnold (1979) se refiere a la "buena lid" como poseedora de tres aspectos separados pero interrelacionados: "la buena contienda, la creación y descarga de una tensión placentera y la realización estética de destrezas y estrategias" (pág. 161).

desarrollado grandes destrezas, de que han hecho posible o deseable su exhibición; de que se han ejercitado hasta el límite y han logrado que existiera un juego (pág. 183).

Además, según DELATTRE (1975), es en los momentos de prueba más que en la victoria en donde se halla la fuente de valor en el deporte de competición. Señala:

La prueba del temple individual en el atletismo competitivo es una forma de *autodescubrimiento...* La reivindicación de la importancia del atletismo competitivo radica sinceramente en el hecho de que nos proporciona oportunidades para el autodescubrimiento, para la concentración y la intensidad de la intervención, para dejarnos llevar por las exigencias de la contienda... con una frecuencia rara vez alcanzada en ninguna otra parte. Por eso es por lo que, en el atletismo competitivo, tiene más éxito haber jugado bien y perder bajo la presión de un adversario verdaderamente capacitado que derrotar a uno menos valioso o indigno en un encuentro en donde no se hayan planteado exigencias (pág. 135).

Adviértase que, desde el punto de vista del desarrollo personal, a veces se aprende más perdiendo que ganando. El jugador deportivo, para ser verdaderamente tal, como el político o el hombre de negocios, tiene que aprender a soportar tanto la decepción como el triunfo, sin verse indebidamente afectado por una u otro. Al insistir que lo único que interesa en la participación en un juego es ganar, BAILEY descarta cualquier valor intrínseco que éste pueda poseer. Como observa DUNLOP (1975):

Lo que resulta lógicamente necesario (para que tenga lugar un juego competitivo) no es en realidad importante en el sentido de que deba ser el propósito "central" del jugador o del equipo (pág. 156).

Lo que con seguridad y por encima de todo pretende lograr el profesor no es una forma pervertida y degenerada de competitividad, interesada por demostrar la superioridad y por ganar a cualquier precio, sino conseguir que sea un "buen juego", de modo que todos los jugadores puedan beneficiarse y disfrutar. Aquí el interés no se centra en el resultado final —ganar o perder— sino más bien en *lo* que sucede y en el *modo* en que se desarrolla. El empleo inteligente de destrezas dominadas, la táctica bien ejecutada, el uso perceptivo de la estrategia, la mezcla disciplinada del esfuerzo del equipo no son sino algunas de las facetas de lo que constituye el contenido de un buen juego. A la hora de observar el modo en que se desarrolla, un buen profesor se interesará por lograr que los chicos entiendan y se sometan gustosos a las reglas, se acomoden a su espíritu, adquieran cualidades admiradas como el coraje y la determinación, así como también que se comporten de una manera amistosa y deportiva. Tratar de ganar forma parte de lo que es un buen juego, pero el resultado de ganar o perder siempre está subordinado a los valores inherentes a actuar bien. Cuando se juega bien un partido, dentro del espíritu adecuado y mientras los participantes aprenden y obtienen placer de ello, ni la victoria ni la derrota asumen una importancia indebida. Cuando los juegos competitivos se realizan de esta forma, como debería ser en un entorno educativo, se advertirá que desaparecen muchos de los supuestos peyorativos referidos a la naturaleza de la competición. En lugar de ver la victoria como la clave de la participación en los juegos con todos los matices negativos que a menudo induce, es posible considerarlos como actividades humanas, como formas en miniatura de la vida, que proporcionan un marco dentro del cual pueden desarrollarse y ejercerse las capacidades físicas, promoverse las cualidades del carácter y estimularse formas amistosas de conducta. Un juego competitivo, como reconoce DEARDEN (1976, pág. 121), puede seguir siendo bueno incluso si uno pierde. Su valor radica en lo que ocurre en el *proceso* de jugar más que en el *resultado.* Parece claro que el *ethos* o modo en que se ve y enfoca un juego puede estar influido por quienes lo enseñan (MEAKIN, 1952, págs. 80-81).

En resumen, se ha señalado que resulta errónea la concepción de la competición por parte de BAILEY, en relación con los juegos y sobre todo en un contexto educativo. Y lo es porque no aprecia que el marco histórico y normativo asociado con el deporte resulta esencialmente ético. Desde luego, esto no significa decir que no sean reales algunas de las preocupaciones que BAILEY expresa o que no ocurran, en ocasiones, actos como el egoísmo, las trampas y las transgresiones. Lo que aquí se rechaza, y en lo que basa su razonamiento BAILEY, es que, como los juegos son necesariamente competitivos, son por fuerza inmorales. Confunde la idea del deporte competitivo con ciertos aspectos de abusos que pueden ocurrir, a veces, en su seno.

La crítica débil y el papel del profesor

A diferencia de la crítica aguda, la débil no considera la competición sustancialmente errónea sino tan sólo de un modo contingente. MEAKIN (1986) escribe:

La crítica débil del deporte competitivo consiste en que, aunque no moralmente erróneo en sí mismo, en general dicho deporte se practica de una manera indeseable (pág. 64).

En este caso, la censura no se dirige tanto a la competición en sí misma como a los abusos que a menudo la acompañan. Lo que en efecto se critica no es la competición *per se* sino el modo en que a veces se produce, tanto si se trata de violencia, de infracciones intencionales de las reglas o de modos generalmente objetables de comportarse. Se dice que, a menudo, viendo algunos de los hábitos y actitudes más desabridos de sus héroes en los equipos de los mayores o de profesionales, los pequeños llegan a imitarles, pensando que, si bien su conducta no es loable, generalmente constituye lo que se espera que hagan.

El problema planteado entonces por la crítica débil no consiste en cómo abolir la competición porque se la considere irremediablemente nociva sino en el modo de evitar que se corrompa. Para la escuela, la cuestión clave consiste en cómo iniciar a los alumnos en los deportes competitivos y atléticos sin que adopten actitudes indeseables y formas ofensivas de conducta o, si las emplean, qué puede hacerse para rectificar la situación. Está claro que el profesor tiene aquí un papel importante que desempeñar. ¿Qué puede hacerse para impedir que el deporte competitivo se convierta en una fuente potencial de deseducación o, más positivamente, en una forma de educación en que se ejemplifiquen valores morales? Son posibles algunos enfoques. A continuación se citan tres que serán considerados sucesivamente:

(I) alterar la orientación del valor;
(II) recurrir sistemáticamente a la racionalidad;
(III) constituir ejemplos de los ideales sobre los que ha habido un compromiso. Cada uno de éstos se explicará y debatirá brevemente en cuanto a su aceptabilidad educativa.

Alterar la orientación del valor

La concepción del deporte, antes explicada y a la que me referiré como visión tradicional, es la que resulta mejor caracterizada como práctica social institucionalizada, gobernada por reglas éticamente basadas y marcada por una rivalidad competitiva e integral pero amistosa, intrínseca a un sentido del juego limpio y de deportividad. En esta visión, hablar del deporte significa hablar de competición. Uno es parte de la otra. Sin competición, el deporte no sería lo que es. No obstante, en los últimos años el término "deporte competitivo" ha sido utilizado para denotar un empeño "serio" del deporte en contraste con un enfoque "no serio" o "recreativo". Tras advertir la distinción hecha aquí, algunos educadores han afirmado que el deporte escolar debería ser denominado "deporte recreativo", en un esfuerzo por menguar su naturaleza esencialmente competitiva. Aunque es posible apreciar los motivos de tal cambio en la orientación, me parece mal concebido. El deporte, como las matemáticas o la historia, es lo que es y no debe ser confundido, tanto si resulta ser recreativo como si puede impartirse recreativamente. La justificación educativa para que el deporte forme parte del *curriculum* del movimiento estriba en que se le considera valioso en sí mismo y no porque se descubra que posee un valor recreativo, aunque a veces pueda ocurrir así. Este punto no es siempre entendido por quienes desean transformar en otra cosa la concepción tradicional del deporte, que es intrínsecamente competitivo. Si el profesor entiende bastante bien la naturaleza del deporte y se halla comprometido con éste, no permitirá el desarrollo de la ética lombardiana[6], que resalta la victoria a cualquier precio en detrimento de los valores sociales y morales. Lo que el profesor tiene que ser capaz de controlar y condenar, y lo que a su vez puede, a veces, estimular el entrenador de un equipo profesional, es el intento de lograr la victoria por medios sucios e inmorales.

Es posible que se adopte un enfoque igualmente erróneo como superación o prevención de la práctica del deporte de modos indeseables. Consiste en verlo como un medio o como un vehículo a través del cual se enseñen y refuercen los valores sociales y morales. Aunque el deporte, como se ha mantenido, está esencialmente interesado por los valores sociales y las cualidades morales que el profesor puede indicar de un modo beneficioso, en su relación con la vida y con el deporte, daña la integridad y la justificación educativa de éste el hecho de concebirlo y utilizarlo nada más que como un instrumento al servicio del educador moral. Lo malo de este enfoque del deporte, que coincide en

[6] La ética lombardiana recibe este nombre de un famoso entrenador de fútbol americano, Vince Lombardi, a quien se atribuye la siguiente frase: "Ganar no es lo más importante; es lo único importante".

Es interesante advertir que Lombardi afirmó haber dicho: "Ganar no lo es todo sino desear ganar" (véase Morris, 1979).

buena parte con lo que Kew (1978) llamó la "ética radical"[7], es que subvierte y mengua el deporte como algo valioso en sí mismo.

Puede hacerse una crítica semejante del denominado enfoque de la "contracultura" del deporte. En un intento de superar la ética lombardiana, que hace hincapié en ganar, se ha tratado de promover la idea de que "jugar lo es todo: el resultado final carece de importancia". En su forma más simple Kew (*ibid.*) observa que resulta un "enfoque en que el acto de jugar se considera como pura distracción y disfrute, una afición a moverse y ejercitar destrezas al lado de otras personas" (pág. 109). Tampoco aquí parece considerarse el deporte por sí mismo, sino como un medio hacia algo exterior. Ese algo no resulta totalmente claro pero parece estar asociado con la noción de existencia auténtica que se interesa por la "inmediatez de la experiencia, con el aquí y ahora, con el proceso más que con el producto" (*ibid.*, pág. 111).

El problema suscitado entonces por todas las tentativas precedentes de alterar el carácter central de la competitividad en el deporte, orientándolo en una dirección diferente y reduciéndolo así a una forma de instrumentalismo, es que ya no sigue siendo deporte, al menos en su sentido tradicional.

Una apelación sistemática a la racionalidad

¿Qué puede hacer el educador para favorecer y complementar el proceso que debería ser parte de su enseñanza en el campo de deportes si, como indica la visión tradicional, el deporte competitivo está constituido y gobernado por reglas que lógicamente presuponen principios morales fundamentales, como la igualdad y una preocupación por los intereses de otros?

Meakin (1981, pág. 246) indica que el debate, tanto formal como no formal, debe ser parte del proceso docente. "El objetivo consistiría en sensibilizar al niño que se desarrolla hacia los presupuestos morales del deporte competitivo y hacerle ver que posee un cierto grado de elección entre someterse o no someterse a ellos". El profesor, señala, no sólo debe preguntar a los niños si deben o desean comportarse de cierta manera sino que, apelando a un razonamiento moral, ha de condenar las prácticas

[7] La ética radical se halla quizá mejor ejemplificada en las escuelas privadas inglesas de mediados del XIX, que empleaban los deportes como un medio de reforzamiento social y moral (véase Kew, 1978, pág. 104).

"malas" y recomendar las "buenas". Así, de una manera racional, puede construirse el desarrollo de ideales y modos de conducta éticos como la modestia en la victoria y la dignidad en la derrota. Inteligentemente manejado, este proceder podría resultar útil en la prevención de prácticas antisociales y moralmente nocivas, quizá incluso en el estímulo y la realización de lo que exige la concepción tradicional del deporte. Sin embargo no es probable que, en sí mismo, esto sea suficiente. Podría determinar, de no relacionarse con la práctica en el campo de deportes, una aceptación intelectual de lo que es una conducta apropiada sin que tuviera lugar necesariamente. Como se señaló antes, ser moral es una cuestión de motivación, carácter y conducta tanto como de razón.

Ejemplificación de los ideales con los que existe un compromiso

Si, como se ha indicado, la conducta social y moral en el deporte no procede tanto de la comprensión de las reglas y de los principios en los que están basados sino en las disposiciones y en las actitudes cultivadas y practicadas, se deduce que la discusión racional, aunque sea útil, no es en sí misma suficiente. Lo que quizá se precisa en la esfera del deporte, no menos que en otras áreas del *curriculum,* es que los alumnos perciban lo que se requiere de ellos. Si los niños son capaces de advertir en qué consiste actuar honrada, justa, valerosa, resuelta y generosamente mientras se hallan en competición, más probable será que se sientan impresionados con esos actos que por un debate sobre ellos.

Una cosa es entonces la racionalidad y otra las manifestaciones de virtud. Es probable que los actos de deportividad despierten más la imaginación y hagan más por los ideales del deporte que cualquier volumen de casuística. Por eso es por lo que importa que el profesor, guardián de las mejores tradiciones del deporte, sea consciente de su rol, puesto que es él quien determina las normas que probablemente seguirán aquellos que tiene a su cuidado. Debe comprender que posiblemente el modo en que él mismo se comporte en el campo de deportes sea tan captado como enseñado. No basta entonces con que el profesor se constituya en un claro intérprete de las reglas del deporte. Lo que se requiere, por añadidura, es que se muestre como genuinamente comprometido con las formas de consideración y de conducta que exige. Es improbable que puedan enseñarse con eficacia los valores sociales y morales en el deporte a no ser que el profesor revele, él mismo, un compromiso con ellos. Esta es, desde luego, una exigencia considerable pero en modo alguno imposible de atender. En razón del poder del ejemplo y del compromiso es completamente necesario, en palabras de WARNOCK (1977) "que los profesores sepan qué pretenden, qué características están mostrando, puesto que virtudes y vicios formarán una parte de la imagen general de la posible conducta moral que, poco a poco, elaborará un niño" (págs. 135-136).

Siendo conscientes de su papel, convendrá sin embargo que recuerden el comentario de RYLE (1975):

> ...en cuestiones de moralidad, a diferencia de las técnicas, es mejor que no se presenten buenos ejemplos con propósitos edificantes (pág. 57).

Lo que aquí importa es que, si el profesor se esfuerza o insiste demasiado en presentarse como modelo o no se aprecia su sinceridad, es probable que sea despreciado, ridiculizado o quizá, peor aún, desdeñado.

Por lo que, en última instancia, se mide el trabajo de un profesor de deportes no es tanto por la educación moral de los juicios desapasionados de sus alumnos sino por sus actitudes y conductas cuando se lanzan entusiasmados al reto de la competición.

CAPITULO VI

Educación estética y la naturaleza de las actividades físicas

Debe recordarse que, aunque la concepción de la educación como iniciación reconoce a la estética como una forma de conocimiento, relativamente hablando, dice poco al respecto. Tiende a explicarla en términos de conocimiento *artístico* más que de actividad o experiencia estéticas. Hirst (1974), por ejemplo, escribe:

> Al tratar de caracterizar obras de arte, pinturas, poemas, sinfonías, etc., como formulaciones artísticas, paralelas a formulaciones científicas o, por ejemplo, a formulaciones matemáticas, históricas o morales, me interesa el conocimiento artístico que expresan y quc pueden comunicar... (pág. 153).

La fuerza de "su teoría proposicional del arte", que es lo que más le interesa en su debate sobre la estética, radica en que ve obras como *Guernica, Middlemarch* o *Fidelio* como expresiones simbólicas que poseen un significado y que, como frases, formulan declaraciones del mundo cotidiano. Sostienen que, como otras formas de declaración, éstas pueden revelarse verdaderas o falsas. No interesa ahora si resulta o no equívoco concebir las artes en términos de proposiciones "formuladoras de declaraciones". Adviértase sin embargo, antes de comentarlo, que el enfoque que hace Hirsch de la estética es de crítica y juicio en literatura y en las Bellas Artes y no respecto a la actividad estética o la naturaleza de la experiencia estética.

White (1973, págs. 25-31), otro exponente de la concepción de la educación como iniciación, parece ver también a la educación estética predominantemente en términos de la teoría más que de la práctica. Señala que la *apreciación* estética debería ser obligatoria para todos los alumnos mientras que sólo tendría que ser voluntario el *empeño en actividades de elaboración de arte.* Aquí White no sólo revela un sesgo intelectual sino que, en efecto, admite que *algunos* alumnos nunca obtengan, como parte de su educación formal, experiencia práctica alguna y que de ningún modo se les proporcionen oportunidades para una tarea creativa. Al relegar a las actividades prácticas y/o creativas al rango de las voluntarias, White piensa claramente que la base de la educación estética radica en lo que él denomina el "modo contemplativo" más que en un compromiso activo. Desde luego, y al igual que Hirst, parece desear colocar en el primer plano de la educación estética una comprensión y evaluación de las obras de arte por medio de criterios marcados por términos como "bella", "elegante", "hermosa", "exquisita", "horrible", "torpe", "basta", "llamativa", etc., como si esto, en sí mismo, fuese algo constitutivo de una educación estética[1]. Baste decir, por el momento, que este enfoque de la educación estética me parece tan limitador como parcial.

Quizá ya se haya dicho bastante para poder afirmar que la educación estética supone algo más que un estudio del arte y el aprendizaje de los conceptos apropiados con el fin de debatirlo, apreciarlo y evaluarlo. Como se indicó en otro lugar[2], si la noción de educación como iniciación significa algo es, sin duda, en cuanto que consigue que los jóvenes acometan realmente actividades como la pintura, la danza, la representación dramática, el canto, la interpretación con instrumentos musicales y la composición, en vez de limitarse a comentar o a aprender el modo de apreciar las grandes obras ajenas. Por importante que sea la aplicación correcta de los conceptos a la valoración estética y a la crítica de arte, la primera tarea de la escuela consiste, con seguridad, en lograr que los niños sean capaces de participar en actividades estéticas más que de juzgarlas. Al saber cómo participar, al lograr conocer una actividad "desde dentro", el niño, dotado de una buena enseñanza, será capaz de un mejor discernimiento tanto

[1] Para una crítica muy elaborada del punto de vista de Hirst, véase Gingell (1975) y para la opinión de White, véase Wilson (1980).

[2] Véase Arnold (1979a).

de sus propias obras como de las ajenas. Desde luego, es preferible que la evaluación estética en la escuela, elemento necesario en una educación estética, proceda fundamentalmente del empeño por mejorar la práctica más que de un estudio aislado de las obras de arte del presente o del pasado. La asistencia a las salas de conciertos, a las galerías de arte o al teatro pueden constituir ocasiones que susciten una percepción. Aun así, hablar sobre arte, por importante que resulte para la comprensión estética, no es en manera alguna condición suficiente de una educación estética. Como señala COLLINSON (1973), existe una diferencia entre *intervención estética* y *comentario estético.* Esta autora observa:

> La persona estéticamente instruida no es tanto aquella que puede hablar de ciertos objetos y situaciones de un modo determinado, de describirlos o *comentarlos* sino quien en realidad posee una capacidad para experimentar, comprender y *participar* en ellos... (pág. 197).

Mientras que el comentario estético puede considerarse como una destreza para formular cierto género de observaciones respecto a una obra de arte, sin sentirse necesariamente conmovido por ésta, la intervención estética se corresponde más con esa emoción, con el hecho de ser atraído y dominado por su magnetismo estético. Nuestra conciencia, como indica COLLINSON (*ibid.*), se halla "completamente penetrada e informada por el objeto" (pág. 203). Es posible, como pone en claro ELLIOTT (1972), ser un amante del arte y un crítico a la vez. Constituyen esencialmente dos perspectivas diferentes. Mientras que el crítico se interesa, ante todo, por examinar los rasgos objetivos de una obra de arte y comentarlos, pensando en lograr un cierto tipo de valoración imparcial, el amante, por otro lado, se interesa más por penetrar en una relación de comprensión y de imaginación con la obra. Le atrae más permanecer abierto a la experiencia que tiene el poder de evocar, que valorar intelectualmente sus buenas y malas cualidades.

Lo que ambos escritores quieren destacar es que la educación estética debería interesarse tanto por la dotación de una experiencia estética, en la medida de lo posible, como por la crítica y el dominio de una adecuada terminología estética.

Cabe quizá admitir la importancia de ambos puntos de vista. Si se mantienen separados y hostiles, en vez de ser complementarios y mutuamente enriquecedores, se empobrecerán la naturaleza y la finalidad de la educación estética.

Para que las anteriores observaciones sobre el "comentario" y la "intervención" no sean erróneamente concebidas en términos de "razón" por un lado y de "sentimiento" por otro, debe indicarse que, en el grado en que la educación estética supone una educación de las emociones, no existe o no debería existir incompatibilidad porque, como afirman tanto PETERS (1975) como HEPBURN (1975), las emociones son una forma de cognición. Sentir miedo, por ejemplo, es ver una situación como peligrosa; sentir envidia es ver a alguien poseedor de mis deseos. Lo que las emociones tienen en común es el hecho de que suponen estimaciones de un tipo u otro. Ver a alguien, una situación, una cualidad "como" algo es percibir o evaluar acertada o equivocadamente de un modo peculiar. Lo que se "ve" lógicamente está relacionado con el modo en que lo "sentimos". De aquí se deduce que, si cambian nuestras percepciones de algo, también tienden a cambiar nuestros sentimientos. Lograr la explicación de la finalidad y del significado de una danza para que sea comprendida más íntegramente es experimentar también una alteración de nuestra percepción y, con ésta, de nuestra respuesta emocional. Lo que aquí importa es que, si la educación estética se interesa esencialmente, si no de un modo exclusivo, por la ampliación de la experiencia emocional y la vitalidad de la vida afectiva, se relaciona mucho más con la cognición y con la forma en que las cosas se perciben y entienden. A este respecto "cognición", con su gran dependencia lingüística, y "sentimiento" son complementarios y, en manera alguna, dispares[3]. Lo que posibilita una educación en las artes y en otros aspectos de la vida estética es la capacidad del profesor para proporcionar razones sobre la forma en que puede entender y responder a una obra de arte o a una situación.

Quizá ya se ha dicho bastante para indicar que en las escuelas la educación estética debería interesarse, en primer lugar, por la enseñanza de las prácticas estéticas para que los alumnos aprendan a acometerlas. Con una buena enseñanza, y en semejante práctica, los alumnos aprenderán a desplazarse desde donde se hallan, como indica REID (1979) "hacia algo más discriminante, sutil, rico, pleno y complejo" (pág. 81). En segundo lugar, hay que enseñar a los alumnos para que se estimule la posibilidad de una intervención y de una experiencia estéticas. En este caso, es

[3] En Best (1985) y Dunlop (1984) pueden hallarse análisis posteriores sobre la educación de las sensaciones y de las emociones.

mucho lo que depende no sólo de lo que se haya planeado sino también del entorno y del clima docente general. En tercer lugar, al introducir los conceptos estéticos, deberían desarrollarse y utilizarse de manera que no sólo se apreciase mejor el trabajo de los demás sino que, en especial, las actividades propias se puedan practicar y expresar con un conocimiento y comprensión mayores.

REDFERN (1986) señala sobre este último punto:

> La educación estética consiste fundamentalmente en el cultivo de la capacidad de un individuo para observar cosas, incluyendo aquellas que él mismo pueda haber hecho o estar haciendo o preparando con un tipo particular de atención imaginativa y para hacerse cada vez más discriminante y críticamente reflexivo en sus reacciones (pág. 67).

Tras haber criticado un enfoque excesivamente intelectualista de la educación estética y sugerido uno más equilibrado y práctico, se propone ahora examinar las actividades del movimiento en relación con la estética, de modo que pueda determinarse, más claramente de lo que es normal, cuál de éstas, lógicamente hablando, posee el mayor potencial en cuanto se refiere a la enseñanza y el aprendizaje. No obstante, antes de proceder de este modo resultará útil, para disipar posteriores confusiones, distinguir entre estética y arte.

La estética y el arte

A menudo se reconoce que la noción de estética es más amplia que la del arte. Sin embargo, muchos autores pasan por alto esta distinción. El solapamiento de una con otra puede conducir a una confusión considerable. Los educadores que tratan de hallar una argumentación educativa aceptable para la inclusión de las actividades físicas en el *curriculum* dicen a veces, por ejemplo, que, como las actividades físicas pueden ser consideradas de un modo estético, esto constituye en sí mismo una justificación para que dispongan allí de un lugar[4]. Alternativamente, y quizá de una manera un tanto extraña, en ocasiones se afirma que el deporte es una forma de arte y que, como el arte es considerado educativamente respetable, entonces *ipso facto* también debiera serlo el deporte[5].

---

[4] La argumentación de Carlisle (1969) se basa en este razonamiento.
[5] Véase, por ejemplo, Maheu (1962).

A la vista de estas reivindicaciones tan generalizadoras y mal fundadas resultará útil formular algunas breves observaciones preliminares acerca de la estética en relación con el arte para poner en claro la base de cuanto sigue.

Puede decirse que se desarrolla una situación estética siempre que se adopta una *actitud estética* o se evoca un objeto, sin más razón que el placer que proporciona. Difiere así de la *actitud práctica* en donde tienden a verse las cosas en términos instrumentales. De esta manera, si por ejemplo se considera un collar de diamantes sólo en términos de su viabilidad comercial o como un regalo encaminado a pacificar a la propia esposa, la actitud adoptada sería más práctica que estética. El collar no se percibe entonces de un modo estético sino como un medio para el logro de un fin.

De la actitud estética se dice a veces que es un modo peculiar de conciencia, una manera particular de percibir algo. STOLNITZ (1960) habla de una forma de:

> atención desinteresada y comprensiva y de contemplación de cualquier objeto de conciencia por sí mismo (pág. 35).

Consecuentemente, la estética es un concepto que se refiere a la posibilidad de percibir cosas desde un punto de vista particular. Los objetos producidos en serie, como las lavadoras o los sellos de correos, los objetos hechos a mano, como sillas o jarras, los objetos naturales, como una puesta de sol o la cima de una montaña, y los objetos hallados, como una piedra o un pedazo de madera, son todos de posible percepción estética al igual que aquellos considerados normalmente objetos de arte.

Debería advertirse que la percepción estética siempre se centra en un *objeto* (el objeto estético), pero tiene que quedar claro que la estética no se limita necesariamente a lo visual. Corresponde a todos los modos de percepción, al gusto, al tacto, al oído, al olfato y no menos al cinestésico. El sabor de un vino, el tacto de la seda, el sonido de la música, el olor del heno recién cortado, la contemplación de un servicio en el tenis o el gesto de segar son todos posibles "objetos" estéticos y capaces de proporcionar una satisfacción estética. Nótese entonces que, en la vida, la estética es abierta y casi ilimitada. No se halla confinada, como a veces se ha dado a entender, a un tipo particular de contexto, a una sensibilidad buscada o a un género específico.

Lo que entonces se dice es que, cuando los objetos se perciben estéticamente, es *de un modo particular por sí mismos.* Expresándolo de otro modo: cuando un objeto se percibe estéticamente, aporta su satisfacción o premio intrínsecos propios, al margen de su valor funcional o utilitario.

¿Qué decir entonces del arte? El arte adquiere importancia en el campo estético en cuanto que sus objetos se consideran a menudo paradigmas de la estética. Los objetos de arte, se indica en ocasiones, constituyen intentos de ejemplificar la estética. Las artes de la pintura, la escultura, la danza y la representación dramática son distintivas en cuanto que constituyen creaciones imaginativas del hombre, *concebidas* para ser objetos de placer estético y/o de apreciación estética. BEARDSLEY (1979), por ejemplo, escribe que una obra de arte puede definirse "como una disposición intencional de condiciones para permitir experiencias con un marcado carácter estético" (pág. 729).

Pese a tales intentos por captar el significado del arte, se reconoce ahora, por lo general, que el arte es un concepto abierto. Es decir, que no se ha formulado todavía una sola teoría ni se ha determinado una serie de condiciones necesarias y suficientes para abarcar las variadas maneras en que se utiliza el término. Reconociendo el carácter aventurado y siempre mudable del arte, WEITZ (1970, págs. 177-178) indica que es probable que siga siendo imposible explicar su significado refiriéndose a cualquier grupo de propiedades definidoras. Sin embargo, resulta útil señalar los sentidos descriptivo y evaluativo en que es utilizado. Así no es infrecuente que cuando "*describamos* algo como obra de arte, procedamos de este modo bajo la condición de que esté presente alguna especie de artificio, obra de la destreza, el ingenio y la imaginación humanos, que en su medio público sensible —piedra, madera, sonido, palabras, etc.— encarna ciertos elementos y relaciones diferenciables". Por otro lado, cuando un artificio resulta *evaluado* como objeto de arte se percibe y juzga según criterios estéticos. Se plantea entonces la pregunta de qué es lo que cuenta como criterios "estéticos". Con frecuencia advertimos que la respuesta a esta interrogante depende de la teoría estética a la que se preste mayor atención. Así, para los formalistas, una pintura puede ser valorada predominantemente en términos de su "forma significativa" o de la disposición específica de sus líneas, color, trazado, etc. Para los emocionalistas, sería considerada predominantemente desde el punto de vista de su poder expresivo. Lo que hace valiosas las diversas teorías artísticas no es que proporcionen un consenso universal sobre lo que el arte significa, sino que hayan aportado importantes rasgos de su naturaleza, tanto si éstos se refieren a la "forma", al "impacto emocional" o a la presentación singular de un tipo específico de verdad. Las razones de la excelencia en el arte no están confinadas a ninguna construcción teórica de éste.

Lo que es necesario comprender acerca del arte es que no está marginado ni separado de la vida, sino que procede y retorna a ésta. Las emociones expresadas en el arte, por ejemplo, no pueden comprenderse sin entender las emociones de las personas en la vida cotidiana. En otras palabras, no pueden evocarse inteligiblemente a no ser que posean algo en común con los contextos de vida de los que proceden. Precisamente por esto es por lo que el arte tiene, a veces, capacidad para englobar cuestiones de la sociedad que poseen una significación social, moral o política. Un ejemplo de este último género es el que aparece en *Green Table* de Jooss, en donde se parodia, con una deliciosa ironía, la ineptitud y la postura de un político antes de la Segunda Guerra Mundial. Como señala Best (1985), "en las artes, las nociones de aprendizaje, comprensión y experiencia no pueden ser inteligiblemente consideradas diferentes del aprendizaje, la comprensión y la experiencia en las situaciones de la vida en general" (págs. 163-164).

Finalmente, resulta quizá necesario subrayar que, aunque lo que se designa como arte puede ser descrito, interpretado y evaluado, no garantiza ni puede garantizar necesariamente la dotación de una *experiencia estética,* es decir la experiencia hecha posible mientras se mantiene la actitud estética. De igual modo debería entenderse que, por el hecho de que se advierta en algún aspecto estético, interesante o gratificante un objeto, eso no indica necesariamente que se trate de arte. Ambos puntos deben ser tenidos en cuenta en el apartado siguiente.

La estética y la lógica de las actividades físicas

Cuando se examinan con atención las actividades físicas en relación con la estética, es posible dividirlas en tres categorías separadas lógicamente: I) los deportes que no son estéticos; II) aquellos deportes que son parcialmente estéticos y III) actividades como la danza y el mimo que pueden considerarse arte. Con el fin de explicarlo propongo examinar primero el deporte y luego la danza.

El deporte y la estética

En un esfuerzo por aclarar algunas de las confusiones endémicas de los textos referidos a la estética y el deporte, Best (1978) estableció una distinción entre deportes "deliberados" y deportes "estéticos" (págs. 99-122). Los *deportes deliberados,* según él, se caracterizan por el hecho de que cada uno puede ser especificado independientemente del modo en que se ejercite, mientras se atenga a las reglas o normas que lo gobiernan. Incluyó en la categoría de deportes deliberados el fútbol americano, el *rugby,* el *hockey,* las competiciones en pista, el baloncesto, el béisbol y el tenis. Lo que les caracteriza es el hecho de que la estética no sea intrínseca a su propósito, que consiste en ganar por haber logrado el máximo de goles, ensayos, encestes, puntos, carreras, o por la anotación de los mejores tiempos y distancias, etc. La cuestión es lógica. Una actividad como el balonmano seguiría siendo tal aunque no existiese referencia ni preocupación alguna por la estética. Esto no significa negar que tales deportes puedan ser considerados todavía desde el punto de vista estético. Supone más bien que no se interesan esencialmente por la estética. Pueden proporcionar y proporcionan de cuando en cuando, tanto por accidente como a propio intento, unos momentos estéticos, pero éstos no son *necesaria* o lógicamente parte de su propósito. Por otro lado, los *deportes estéticos* se denominan así "porque su objetivo no puede ser especificado de modo inteligible al margen de los medios de lograrlo" (*ibid.,* pág. 105). En esta categoría más reducida se incluyen actividades como la gimnasia, el buceo, el patinaje, la natación sincronizada, los saltos de trampolín, los de esquí y el *surf.* Es inherente a todos esos deportes una preocupación por el modo o manera en que se realizan. Esto constituye una parte del propósito de la actividad. No resulta accidental ni fortuito, sino un rasgo característico de lo que la actividad es. Ayuda a definir la naturaleza y el carácter de lo que se hace. El gimnasta olímpico, por ejemplo, cuya *única* preocupación fuese efectuar su actividad rutinaria en las barras horizontales sin referencia al modo de realizarlo no habría entendido el propósito de la acción. Como señala White (1966) respecto a la gimnasia:

> Un ejercicio perfecto con una calificación máxima es el presentado con elegancia, soltura, precisión y en un estilo y ritmo bien adaptados a la naturaleza de la realización estética, sin faltas en su ejecución. Las faltas en la ejecución o en el estilo son penalizadas con una deducción de puntos o de fracción de puntos conforme a la siguiente orientación.

Defectos generales en la elegancia. Un ejercicio, aunque ejecutado sin faltas, pero presentado con un ritmo demasiado rápido o excesivamente lento o con un despliegue desproporcionado de fuerzas, cuenta menos que un ejercicio perfecto como el descrito... (pág. 61).

De modo semejante, las calificaciones en el patinaje se otorgan conforme a la "gracia artística", tanto como al "mérito técnico". Entre los términos empleados en el primer componente figuran la "composición armónica", la "conformidad con la música" y la "compostura". Lo que por encima de todo ha de lograrse es un movimiento "sin esfuerzo, fluido y elegante" (Unión Internacional de Patinaje, 1973-1975, pág. 61). Un ejemplo del modo en que la gimnasia puede percibirse estéticamente por un observador experto (CURL, 1980) es el que se transmite a través de la siguiente descripción:

Se secuencia (la de Ludmilla Tourischeva) fue sobre todo expresiva, con una mezcla de cualidades que abarcaban desde el desenfado, una arrogancia juguetona... timidez y en ocasiones atrevimiento. Emergieron incluso cualidades dramáticas con punto culminante, tensión y resolución, pero la característica dominante fue quizá su lirismo, su sentido del ritmo y la estricta integración de sus movimientos con los *accelerandos, rubatos* y *rallentandos* de la música.

Lo que caracteriza al deporte estético es que su propósito sólo puede especificarse en términos de los modos estéticos de efectuarlo. Dicho de otra manera, *deporte estético es aquel cuyo propósito no puede especificarse sin referirse al modo estético de realizarlo*.

Antes de pasar a la tercera categoría, tal vez resulten útiles algunos comentarios generales sobre lo dicho hasta ahora. La distinción de BEST entre algunos deportes y otros según su contenido estético es válida y útil. Sin embargo, caracterizar esta distinción en términos de la diferencia entre deportes "deliberados" y "estéticos" es un tanto equívoco. Sugiere que los deportes estéticos no son deliberados y evidentemente no ocurre así. La dificultad principal radica aquí en el término "deliberado". No está claro lo que se quiere dar a entender. ¿Considera BEST que los deportes deliberados se explican por el gol o por el resultado pretendido que según él consiste en ganar? Con seguridad no, porque, si fuera así, se advertiría que los "deportes estéticos" resultarían igualmente deliberados pues también en éstos existe un interés por la victoria. Difieren sólo en que la estética es una parte de las exigencias de ganar. Si es así, como parece, resulta perfectamente legítimo afirmar que ambas categorías son deliberadas pero que, mientras las actividades del primer grupo (deportes deliberados) se interesan sólo por ganar conforme a las reglas, las del segundo grupo (deportes estéticos) no se interesan exclusivamente por la victoria conforme a las reglas, sino por ganar según unas reglas, algunas de las cuales proporcionan una orientación estética. De aquí se deduce que resulta más inteligible, en mi opinión, hablar de "deportes no estéticos" y de otros que son "parcialmente estéticos". Sin embargo, incluso si se acepta esta presentación modificada de la postura de Best, existe en su obra una deducción posterior, en especial cuando, refiriéndose a los "deportes deliberados", escribe que el deporte existe para ganar, como si éste fuese su único propósito. Si esto es así como parece, se requieren entonces nuevos comentarios. Como ya señalé antes, hay una diferencia entre considerar un deporte como una actividad cuya única preocupación es la *victoria* y estimarlo como una actividad que, entre otras cosas, se interesa por *tratar de ganar.* Ningún deporte, afirmo, tiene como único propósito el *resultado* final de la victoria, pero lleva incorporada la *expectativa de procedimiento* de que los participantes tratarán de ganar conforme a las reglas. El "propósito" en el deporte no debe confundirse ni considerarse en plano de igualdad con la cuestión lógica pero trivial de ganar; ni incluso con tratar de ganar. Más bien está ligado a una compleja serie de creencias, actitudes, valores, costumbres y reglas que, juntos, constituyen una forma de la vida en miniatura en donde los participantes hallan un propósito. Dicho de otra manera cada uno de los deportes posee su propio propósito peculiar y éste está ligado en amplia medida a las reglas que contribuyen a caracterizarlo tal como es. Cada deporte puede así considerarse como poseedor de un propósito propio y puede estimarse de algunos deportes que, como parte de su propósito, tienen, según hemos visto, una preocupación esencial por la estética, mientras que no sucede lo mismo con otros. Por eso, clasificar solamente a algunos deportes como poseedores de un propósito, dando a entender que otros no lo tienen es tan infortunado como erróneo.

La danza y la estética

Según aclaré antes, hablar de la estética no es necesariamente referirse al arte aunque, como ya se ha mostrado, no es infrecuente considerar el arte como un paradigma de la estética. Al mencionar como arte ciertas actividades físicas, es posible pensar en términos de una tercera categoría lógica del movimiento en relación con la estética, *"la categoría artística"*. Aquí aludo, en particular, a las actividades de la danza (como forma de arte) y del mimo. Tales actividades están caracterizadas por el hecho de que el propósito del arte sea el arte en sí mismo. En arte no existe un foso entre *lo* que se hace y el *modo* en que se hace. Otra manera de explicarlo consiste en decir que no hay separación entre la naturaleza de la actividad y su modo de presentación. Las actividades artísticas, por su propia constitución, se interesan intrínsecamente por consideraciones estéticas. Esta es su razón de ser. Lo que proporciona a una obra de arte su carácter distintivo es que hay una fusión inseparable de la forma y del contenido. En música (por ejemplo, en una fuga de BACH) se hace quizá más sorprendentemente clara esta inseparabilidad. En cierto sentido, la forma es el contenido. Todo arte, se ha dicho, aspira a esta condición de "unidad". Hablar de fines y medios en arte es erróneo porque, como en educación, los medios son, en parte, los fines. Del mismo modo que en educación la *forma moral* en que se enseñan las cosas resulta tan importante como *lo que* se hace, así en arte la *forma estética* es tan importante como el *contenido*. Lo que caracteriza a una obra de arte, quizá por encima de todo, es que su significado no puede expresarse de ningún otro modo que como lo es. Este rasgo de la obra de arte es lo que la hace *sui generis*. Dicho de otro modo: una obra de arte es una presentación singular de la encarnación de un significado. En tal obra, contenido y forma se funden en una sola entidad. En las formas artísticas del movimiento de la danza y del mimo, el significado que la frase encarna es muy adecuado para que lo que estéticamente se logra sea realidad mediante las acciones de la persona que lo encarna[6]. En la danza, aunque la forma de arte, el objeto de arte, es la danza y no quien la ejecuta, existe un sentido importante en el que el bailarín es la danza. El bailarín o la bailarina será capaz de comunicar la danza como algo estéticamente significativo sólo si puede trocarse en danza por encarnar y proyectar las cualidades sensoriales, formales y expresivas pretendidas por el coreógrafo. Resulta así interesante

[6] La noción de encarnación *(embodiment)* es interesante y posee cierto número de diferentes connotaciones. Para una explicación de lo que supone la encarnación, véase Arnold (1979b), en especial páginas 1-14.

que, al referirse a la percepción de la danza, observe FREISEN (1975):

> El bailarín debe... seguir siendo uno con la danza para preservar la unidad y la continuidad de la imagen estética. En la competencia técnica del bailarín se incluyen no sólo las destrezas físicas requeridas para la realización de la danza sino también la capacidad de existir dentro de la ilusión dinámica de la danza (pág. 101).

Se advertirá que la diferencia entre actividades físicas *parcialmente estéticas,* como la gimnasia, y las que son *actividades artísticas,* como la danza, estriba en que mientras en las primeras nunca se cierra enteramente la separación entre su propósito y la estética (es decir que su propósito todavía podría verse hasta cierto punto cumplido en ausencia de la estética), en las segundas sería lógicamente erróneo pensar siquiera que existiera una separación. Otra manera de expresarlo consiste en indicar que el propósito del arte radica en la estética, es decir en la creación de un objeto estético significativo que es su propósito. Por eso, distinguir en el arte entre fines y medios es singularmente inapropiado porque no pueden especificarse independientemente; en un aspecto importante son uno y lo mismo. En las actividades artísticas como la danza y el mimo, las cualidades estéticas, tanto formales como expresivas, no existen simplemente por accidente ni son requeridas para manifestar una distinción cualitativa entre un tipo de realización y otro. Existen porque, de un modo indispensablemente esencial, contribuyen a caracterizar y constituyen la naturaleza misma de la actividad. Por esta razón es por lo que son actividades importantes en el movimiento y en la educación estética.

En común con otras artes, la danza posee rasgos que la distinguen como "objeto de arte". Deliberadamente trata de evocar en el espectador una respuesta estética y no utilitaria. "Su tarea fundamental", en palabras de PHENIX (1970, pág. 10), "es crear en el que la contempla una emoción significativa, valiosa en sí misma y no simplemente servir como instrumento para cualquier otro propósito". Cada danza es una composición singular, que expresa su propia estructura inmanente y, como tal, se halla tan sólo sometida a sus propias demandas inherentes. Tanto para el bailarín como para el espectador, la danza requiere una respuesta imaginativa que no esté gobernada ni esté indebidamente influida por lo que se ha hecho o presenciado antes.

Como un arte, la danza "calcula" su despliegue de cualidades estéticas y es el bailarín o bailarina quien hace todo lo posible por expresarlas. Lo que se realiza, por difícil y técnico que pueda ser, resulta intrínseco a la creación de una realización artística. Cualquier debilidad o exageración determinará probablemente una distorsión y reducción del efecto mismo que se pretende. La disciplina del bailarín viene impuesta por el medio de la propia danza. Cada una desarrolla sus peculiares y singulares forma y estructura y se vuelve entidad independiente, libre y separada en el centro de la cual se halla encarnada la persona que baila.

La perspectiva del agente en contraste con la del espectador

Al examinar el espectro de las actividades físicas que constituyen el *curriculum* del movimiento, se ha mostrado que ciertas actividades se interesan más esencialmente por la estética que otras. Por eso, debería aclararse, al menos desde el punto de vista lógico, que actividades como la danza y el mimo ofrecen más campo en términos de educación estética que el *rugby* y el fútbol. Se hallan, al fin y al cabo, *intrínsecamente* interesadas por la estética y permiten al profesor ampliar la conciencia estética de un alumno como resultado de los conceptos y cualidades que suponen, así como de las emociones y los sentimientos con los que están asociadas frecuentemente. Sin embargo, como ya se ha indicado antes, la estética y la posibilidad de una experiencia estética no se limitan en manera alguna a las artes. Pueden ocurrir, y así sucede con frecuencia, en las que, a fines de análisis, he denominado actividades "no estéticas" así como en las "parcialmente estéticas" o en las "artísticas". Ya que no se ha examinado ampliamente el movimiento como fuente de experiencia estética, sobre todo en los círculos educativos, ni se ha escrito mucho al respecto, me propongo explicar su potencial aunque sea observándolo tan sólo en forma periférica o incidental.

Con objeto de destacar de un modo distintivo y tan plenamente como sea posible el potencial estético del deporte, es preciso contrastar la perspectiva del agente con la del espectador. Al proceder de ese modo, se confía en identificar algunos aspectos de la percepción y de la experiencia estéticas que, de otra manera, no se revelarían.

Pero, cuando se destacan las diferencias entre la perspectiva del participante *en* el deporte en contraste con la del observador *del* deporte, debe entenderse muy bien que existe una considerable "superposición" entre las dos. Ambos, por ejemplo, entienden que cada deporte posee su propia serie de reglas que contribuyen a caracterizarlo y gobernarlo. Ambos también comprenderán que cada deporte tiene sus propias tradiciones, costumbres y normas que ayudan a destacarlo como lo que es. Tanto el agente como el espectador informados saben que cada deporte se desarrolla dentro de un contexto en el que ciertas destrezas, tácticas y estrategias son parte integrante de lo que constituye su naturaleza. Ese conocimiento y esos consensos forman la base de lo que se considera en común acerca del deporte, tanto si lo observamos como si participamos. Puede decirse que estas comprensiones son una parte de nuestra "forma de vida" inter-subjetiva o común[7]. Sin éstas no existirían comunicación ni coparticipación significativa en la experiencia.

Aunque es obvio que existe un considerable "terreno común" entre el punto de vista del agente y el del espectador a la hora de considerar la estética en el deporte, no debe pasarse por alto que hay también cierto número de diferencias importantes.

La primera consiste en que el agente es un participante y adopta su perspectiva desde "el interior" de la actividad en la que interviene. El espectador, por otro lado, examina la actividad como testigo, por así decirlo, desde "el exterior". Mientras que el agente está en y corresponde a la acción o se halla "incurso", como dice CURL (1976, pág. 51), el espectador se encuentra relativamente marginado o "separado" y físicamente está aparte.

En segundo lugar, mientras el agente o participante es autor y realizador de sus propias acciones y, en palabras de BECK (1975), "conoce lo que está haciendo en el sentido de lo que pretende lograr" (pág. 45), el espectador u observador permanece básicamente como lector o intérprete de lo que ve. Habida cuenta del contexto o "terreno común" de la acción, el espectador es capaz de elaborar ciertas inferencias respecto a las intenciones del agente, pero no puede darse por supuesto que sean iguales que éstas.

En tercer lugar, el agente en ejercicio es capaz (eso no significa decir que siempre lo haga o que deba hacerlo) de prestar atención a sus propias experiencias corporales vividas y de constituirlas como significativas. Como agente, por ejemplo, yo puedo

[7] Para un análisis de este punto, véase Wittgenstein (1953, pág. 23).

(si así lo quiero) prestar atención al desarrollo de mis esquemas cinestésicos cuando acometo formas particulares de acciones contextuales de movimiento. Al tiempo que actúo, soy capaz de "sentir". *Lo que* siento, en este aspecto, procede lógicamente de mi conocimiento directo del modo de hacer las cosas. Sólo un agente que conozca (o un ex agente con el debido conocimiento) puede tener (o haber tenido) tales sensaciones[8].

En cuarto lugar, por lo que al espectador se refiere, un "movimiento cualitativo" en el deporte, tiende a ser "visto" más que "sentido". Para el espectador, la percepción estética del deporte es predominantemente de un orden visual. Es contemplada y valorada en términos de criterios bien establecidos como "ritmo", "simetría" o "armonía". Mientras que para el agente en deportes como el patinaje artístico sobre hielo o la natación sincronizada, por ejemplo, cualidades estéticas como "equilibrio", "continuidad", "proporción", "unidad", "repetición" y "contraste" se expresan y experimentan de un modo físico, al espectador le brindan sólo esencialmente un placer visual. Característica de lo que podríamos llamar "estética del agente", a diferencia de la del espectador, es que supone un acto expresivo experimentado. Para el agente, la percepción estética radica en la ejecución de la acción[9], en tanto que para el espectador estriba más en su observación apreciativa.

Lo que he intentado demostrar es que, a pesar del considerable "terreno común" que existe entre la perspectiva del agente y la del espectador, hay también notables diferencias. Afirmo que, cuando se llega a la percepción estética y a la experiencia del deporte, estas diferencias constituyen la base de lo que son esencialmente dos situaciones distintas[10].

Con objeto de explicar más detalladamente en qué consiste la situación del agente y cómo difiere de la del espectador, me propongo ahora examinar con brevedad cuatro temas: el agente como encarnación de las cualidades estéticas y expresivas; el agente como quien busca la adquisición y el dominio de destrezas; el

---

[8] No hay aquí tiempo ni espacio para penetrar en el área problemática de la "empatía" o en el tipo de intervención de las experiencias del aficionado. Para posteriores datos sobre estos puntos, véase Arnold (1979b, pág. 154; también págs. 71-85 y 110-115).

[9] Kaelin (1979, pág. 329) habla de la percepción creativa como un movimiento del cuerpo humano. También Merleau-Ponty observa que un artista piensa con su material, no con las ideas que impone en éste.

[10] Strawson (1967, págs. 5-13) establece una distinción semejante a la aquí formulada cuando se refiere a "deleites del participante" y "deleites del espectador".

agente como localización encarnada de un desarrollo de esquemas cinestésicos identificables y distintivos y finalmente, el agente como actor en pos de "la buena prueba" y del "partido bien jugado".

La estética del agente: cuatro temas

Autores como LOWE (1977) y FISHER (1972) han puesto muy en claro que la estética y lo bello frecuentemente dependen de la práctica del deporte como cuando, por ejemplo, el montañero es capaz de gozar del esplendor de cuanto le rodea o quien practica *surf* se complace en el rítmico sonido de las olas. Por fascinante que sea este aspecto de la estética en relación con el deporte, aquí el comentario se limitará a la naturaleza y las acciones del propio deporte.

El agente como encarnación de las cualidades estéticas y expresivas

Se ha señalado que la percepción estética del deporte es para el espectador una cuestión predominantemente visual. Consiste, en buena parte, en ser capaz de captar, de aquello que se le presenta, cualidades que pueden ser apreciadas por lo que son. Para el espectador, la experiencia estética del deporte procede fundamentalmente de poder reconocer cualidades estéticas y de reaccionar ante ellas de un modo apropiado. Como observa REIMER (1970):

> En el grado en que una persona pueda percibir aguda, sutil, precisa, compleja y sensiblemente cualidades estéticas, su reacción podrá ser aguda, sutil, precisa, compleja y sensible (pág. 82).

Aunque en un deporte muy estético, como el patinaje artístico sobre hielo, se presentan cualidades estéticas para que el espectador las contemple y aprecie, desde la perspectiva del agente se trata más bien del modo de brindarlas y desarrollarlas mejor con el fin de que puedan ser apreciadas. Tarea del patinador, por ejemplo, es ser fuente y vehículo de belleza. Al deslizarse, ha de convertirse en la encarnación de la forma y del sentimiento. Su propia gratificación radica en la fusión eficaz de forma y sentimiento[11]. El patinador es capaz tanto de articular como de expresar cualidades estéticas y, al mismo tiempo, obtener un placer estético obrando así. Si para el espectador la significación estética procede principalmente del *producto* presentado, para el patinador se deriva de modo fundamental del *proceso* de lograrlo. Como ha observado ARNOLD (1979b):

> En la mezcla armoniosa del *movimiento* con la *emoción* el bailarín es capaz de realizarse como pocos. Lo que se siente y se constituye significativamente, aunque a veces pueda ser descrito en forma oral, no se reduce a palabras. Su "carácter significativo" radica en su propio modo de expresión (pág. 143).

El agente como alguien que busca el dominio de unas destrezas

Relacionada con la cuestión del agente como encarnación de la calidad estética y expresiva se halla la adquisición y el dominio de habilidades. Sin la adquisición de técnicas y destrezas el deporte no cumplirá su propia posibilidad para el espectador ni para el agente.

En las actividades deportivas, las destrezas no sólo ayudan a caracterizar y a distinguir a un deporte de otro sino que también pueden considerarse como ejemplificaciones indispensables del conocimiento del "modo" de participar. De la misma manera que un futbolista necesita la habilidad de regatear, recoger y pasar, el tenis requiere la habilidad de servir, volear y devolver. Es preciso ejercitar y lograr tales destrezas. Una vez dominadas, pueden considerarse como casos específicos de un conocimiento práctico a través del cual se estima inteligente y competente lo que el agente hace en un contexto dominado por reglas. Dicho de otra manera: el conocimiento práctico o "saber cómo" se refiere esencialmente al dominio de destrezas y a la capacidad de ejercitarlas de una manera eficaz y con entendimiento. En el dominio de las técnicas y de las destrezas, el agente pugna por conseguir un tipo específico de perfección.

Lo que aquí se indica es que cada deporte, en parte a través de las destrezas que ayudan a definirlo y caracterizarlo, posee

---

[11] Artículo útil sobre la fusión de forma y sentimiento en el arte es el de Berndtson (1960).

sus propias limitaciones y posibilidades para la expresión y la experiencia personales. Una de las paradojas de la participación en el deporte es que resulta necesario ser disciplinado para ser libre, no sólo de expresar sino de experimentar. Como observa FARSON (1978), las técnicas "hacen posible una experiencia genuinamente expresiva" (pág. 14). Diciendo lo mismo de un modo un tanto diferente, yo mantengo que la práctica de un deporte supone su propia serie de técnicas y destrezas y que éstas constituyen, en buena medida, los modos y medios de la posibilidad del logro y de la experiencia individuales.

Sería desde luego erróneo deducir que un deporte practicado con habilidad tiene que ser necesariamente estético, pero muchas destrezas, por obra de su naturaleza flexible, fluida y rítmica, invitan a la atención estética. STOLNITZ (1973) es uno de los pocos especialistas en estética en reconocer no sólo que:

> Fuera de las artes existen múltiples acciones, adecuadamente estimadas como diestras, que cuando se describen de este modo, tienen buenas razones para ser consideradas como estéticas.

sino además que:

> ... las destrezas, lejos de hallarse al margen y accidentalmente relacionadas con la estética constituyen en sí mismas un sector principal de ésta (pág. 7).

CURL (1976, pág. 47) señala acertadamente que el agente muy diestro se convierte en poseedor de una gama nueva y amplia de percepciones. En lo que SLUSHER (1967, pág. 79) ha denominado "la personificación de la perfección" (pág. 179), el agente es capaz a veces de alcanzar un estado que solamente cabe describir como "estético". Hablando por ejemplo del tiro con arco, HERRIGELL (1971) observa que:

> Tras unos disparos certeros cada respiración discurre sin esfuerzo hasta su conclusión, produciéndose la siguiente sin precipitaciones. El corazón late de un modo regular y sosegado y, sin que nada altere la concentración, puede procederse al siguiente tiro. Pero interiormente, para el propio arquero, los tiros certeros tienen el efecto de hacerle sentir que el día acaba apenas comenzado. Se nota con talante para hacer las cosas bien y, lo que es aún más importante, para no hacer nada. Su estado es, desde luego, placentero (pág. 78).

El agente como la ubicación encarnada de un fluido de esquemas cinestésicos identificables y distintivos

Si son relativamente escasas las referencias a la perspectiva del agente en cuanto al deporte, aún lo son menos en relación con sus experiencias cinestésicas[12]. Esto resulta sorprendente porque no es raro entre los deportistas y bailarines que, como agentes, a veces sean capaces de apreciar cinestésicamente lo que están haciendo.

La percepción estética de las sensaciones cinestésicas o percepción "cinestésica" resulta más probable cuando ya se dominan destrezas como esquemas de movimiento. Debe recalcarse que es preciso no confundir la percepción cinestésica con sensaciones vagas e indiferenciadas y que ha de entenderse en términos de desarrollo de los esquemas clara y sensiblemente experimentados que proceden y acompañan a los movimientos bien realizados. Dicho de distinta forma, existe paradigmáticamente la sensación de la que soy o puedo ser consciente y complacerme cuando "cinestésicamente" percibo una acción como resultado de "saber cómo" realizarla. En otras palabras, las sensaciones cinestésicas resultan sentidas y apreciadas más a conciencia cuando son más diestramente realizadas y, en especial, cuando hay tiempo e inclinación para reflexionar sobre ellas. De ahí la probabilidad de que algunos deportes, y las destrezas que ayudan a caracterizarlos, proporcionen mayor gratificación "cinestésica" que otros. En las competiciones de embarcaciones a remo, por ejemplo, en donde el remero se concentra en los ritmos regulares de deslizamiento, tensión y tirón, hay tiempo para complacerse en los propios movimientos. Por eso no es sorprendente que DIETZ hable de "esa tremenda sensación de desplazarse a través del agua"[13].

Si para el espectador supone una satisfacción estética ver a ocho remeros, bien dispuestos y disciplinados, actuando al unísono, corresponde a la tripulación experimentar cinestésicamente la unidad y fuerza rítmicas que fluyen de sus armoniosos esfuerzos[14].

---

[12] Arnold (1979b) y Bouet (1969) constituyen excepciones en este aspecto.

[13] Cita tomada de Lowe (1977, pág. 257). No se dan datos precisos.

[14] Al escribir sobre el fenómeno de la integración o de la experiencia vivida de estar con otros, Salvan (1966, pág. 66) observa: "Se siente íntimamente en el ritmo común de las fuerzas; cada uno siente dentro de sí el mismo movimiento de trascendencia hacia un objetivo común, en el horizonte de un mundo común y lo experimenta *con* los demás remeros.

Aunque no todos los deportes son como el remo, que proporciona una prolongada oportunidad de experiencia cinestésica, otros no están desprovistos de semejante posibilidad, siquiera fugaz. En la cadencia de los servicios del tenis, las evoluciones del nadador cuando se voltea al llegar al final de la piscina, el lanzamiento de la jabalina y en una secuencia gimnástica el agente es como un realizador capaz de conocer "sensitivamente" cuál es la acción que realiza y obtener de ello una satisfacción cinestésica.

El agente como actor en pos de "la buena prueba" y del "partido bien jugado"

El deporte no es una representación dramática; sin embargo, como ha mostrado KEENAN (1973, págs. 309-326), resulta posible examinarlo *como si* lo fuese. Afirmar que el deporte no es una representación dramática no quiere decir que, en ocasiones, no pueda ser dramático o espectacular; tampoco se pretende dar a entender que el jugador no pueda verse o no se vea a sí mismo como una especie de actor en cuanto que asume un orgullo de especialista en su intervención. El montañero, por ejemplo, puede ser admirado por sus cualidades de carácter y por sus logros, pero quizá obtenga un placer aún mayor de su *modo* de hacer más que de lo que llega a conseguir. Una cosa es alcanzar la cumbre y otra llegar hasta allí de una manera nueva y técnicamente exigente. En ocasiones el montañero puede introducirse en una especie de psicodrama, haciendo realidad sus ideales y rendimientos más anhelados. Sólo se sentirá plenamente satisfecho cuando se vean cumplidos en la forma de valor, serenidad, logro técnico, fuerza, resistencia y juicio. El auténtico montañero no se deja llevar por la arrogancia o la presunción. Aquí no existe una demanda de aclamación pública. Si se habla de conquista no es de la montaña sino de sí mismo. Partiendo de la auto-realización como montañero es como uno, conforme a su propia estimación, *llega a ser* montañero.

De modo semejante, "el partido bien jugado", desde la perspectiva del agente, no es simplemente aquél en el que el jugador se bate y comporta bien sino el que, sobre todo desde el punto de vista estético, resulta experimentado como un tipo de *obra* deportiva en donde se ponen a prueba, sin reserva alguna, todas las habilidades y la inteligencia del jugador en la forma de un saber técnico. Lo que se hace está encaminado a un propósito y, sin embargo, hay riqueza y variedad en tal acción. "El partido bien jugado" no sólo se presenta como un caso ejemplar de lo que es *ese* juego y de lo que puede brindar (como en la clásica final de Wimbledon de 1975 entre Arthur Ashe y Jimmy Connors), sino que es experimentado por los jugadores de una manera que resulta comparable a la experiencia que un buen catador de vinos pueda hallar al probar un Borgoña excelente o a la que un violinista puede encontrar en la interpretación exquisita de un cuarteto de cuerda de HAYDN.

La noción del "partido bien jugado" se relaciona con "la buena lid". Aquí la importancia no radica en la percepción de un juego como si fuese un *género* artístico sino en términos de pugna y rivalidad. En "la buena contienda", escribe METHENY (1965), "los hombres se tratan como compañeros en un empeño común; en 'la mala contienda' se tratan como animales o como cosas" (págs. 41-42). En la buena lid se halla implícito el significado original del término competición, entendida como "preguntar y pugnar juntos". La buena lid no es, como a veces puede llegar a ser un deporte, un combate de gladiadores caracterizado por la violencia y la brutalidad sino una contienda a la que distinguen un reto y un esfuerzo plenos en una atmósfera de rivalidad sin avenencias pero amistosa.

Para el agente, no se trata de una forma de experiencia destructiva o humillante sino ennoblecedora y edificante. Cada participante agradece al otro el hecho de que sea un adversario honorable y valioso. Cada jugador saldrá de "la buena lid" más realizado que cuando la inició; habrá descubierto acerca de sí mismo algo que ignoraba antes.

Como otros han reconocido (KAELIN, 1979, pág. 329; ARNOLD, 1979a, págs. 159-160), un aspecto correlativo de "la buena lid" es la creación y la liberación de tensiones. ARNOLD (1979c, pág. 160) indica que cada deporte proporciona su propio marco para el control, surgimiento y alivio de tensiones. Los mismos procedimientos y reglas de cada deporte determinan, hasta cierto punto, lo que probablemente se experimentará. En el tenis, por ejemplo, la estructuración de un partido en "puntos", "juegos" y *sets* determina en *staccato* la constitución y la liberación de la tensión, mientras que en el ciclismo en pista se centra fundamentalmente en la "escapada" hacia la meta. En razón de su propia estructura peculiar, cada deporte ofrece diferentes posibilidades de experimentación. Para muchos de los que compiten, estos ritmos psicosomáticos animadores y excitantes constituyen parte del placer intrínseco de la prueba. En este aspecto la "buena lid" no es muy diferente de un encuentro sexual, en donde al desarrollo de la tensión sigue una relajación placentera.

Es posible concebir la "buena lid" como una forma de realzar la experiencia deportiva. Procede de la institucionalización de una actividad humana pero trasciende cualquier descripción de su propósito lógicamente formulable. Para el participante, el valor de la "buena lid" no radica de manera exclusiva en la victoria o en la derrota sino en el proceso cualitativo de la intervención. Esto es lo que importa desde el punto de vista estético.

Resumen

Lo que se ha señalado es, primeramente, que en el nivel escolar se concibe mejor la educación estética como aprender a realizar diversas formas de actividad en vez de interesarse sólo por su estudio crítico. En segundo lugar, en el grado en que la educación estética se relaciona con el movimiento, puede mostrarse que es posible dividir lógicamente las actividades físicas en tres categorías: las no estéticas, las parcialmente estéticas y aquellas que pueden considerarse como artes. En tercer lugar, y aunque se reconozca esta clasificación, está demostrado que la percepción estética, o experiencia en el movimiento, no está limitada a aquellas actividades designadas como artes. En cuarto lugar, y pese a que la perspectiva estética del agente y la del espectador compartan amplias áreas de terreno común, subsisten aquí sin embargo algunas diferencias interesantes e identificables entre ambas.

CAPITULO VII

Creatividad, autoexpresión y danza

En el capítulo anterior se hizo referencia a la estética para el arte y se vio que, si bien tienen algunas cosas en común, no son, en modo alguno, intercambiables. Lo mismo puede decirse de lo creativo y de la estética. Aunque en ciertos textos educativos[1] se yuxtaponen frecuentemente como si fueran lo mismo, desde luego no es así. De la misma manera que es posible experimentar o apreciar estéticamente algo (por ejemplo, un objeto natural o de arte) y no ser creativo, también es posible ser creativo (por ejemplo, inventando un nuevo tipo de ordenador o un artefacto explosivo) sin ser *necesariamente* estético. Aunque la creatividad se asocie más fácilmente con las artes, no se limita a éstas de ninguna manera. La creatividad puede tener lugar en las ciencias no menos que en las matemáticas o en la historia[2].

El significado de la creatividad

La consideración tradicional de la creatividad es que se trata de una forma inexplicable de "inspiración divina" que en cierto

[1] Véase, por ejemplo el Informe Munn (1977).

[2] Por otro lado, algunos de quienes han escrito sobre la creatividad reservan el término para la obra original realizada dentro de las artes, manteniendo que mientras que el artista "crea", los científicos "descubren" verdades y los historiadores "desvelan" hechos del pasado.

modo, y por así decirlo, puede tomar a los mortales de la mano y misteriosa y milagrosamente lograr que produzcan obras geniales en diversas formas pero, parece ser, en especial, dentro de los campos de la pintura, la música y la literatura[3]. No obstante, más recientemente, la creatividad se ha convertido en un término general de aprobación para aquellos actos que conducen a la solución de problemas, o en la capacidad al menos de pensar de un modo abierto, divergente y no conformista[4]. Conceptualmente, sin embargo, el significado de la creatividad se caracteriza por una referencia a, por lo menos, cuatro condiciones. Denominaré a éstas condición de *novedad, relevancia, conflicto* y condición *evaluativa*.

La condición de novedad reconoce que la creatividad está relacionada indispensablemente con lo que de algún modo es nuevo o diferente. Los grandes logros creativos del pasado, tanto de COPÉRNICO, GALILEO, EINSTEIN, SHAKESPEARE, HANDEL como PICCASSO están caracterizados por la originalidad. En el caso del logro científico, algunos filósofos preferirían emplear la palabra "descubrimiento", puesto que el científico, como buscador de la verdad, revela algo que ya estaba allí, por ejemplo, las "leyes de la relatividad", más que crea algo que no existía previamente, como *La Consagración de la Primavera*[5] de STRAVINSKY. Incluso si esta distinción es aceptada como adecuada separadora de los logros científicos de los artísticos, se advertirá que, en términos de la cultura y del entendimiento humanos, el factor de la *novedad* sigue siendo común a ambos.

Considerando lo señalado hasta ahora se apreciará que, en sí misma, la condición de novedad no vuelve creativo a un acto o a una idea; debe ser también *relevante* para una situación o un campo determinado del empeño humano. Así, los logros "creativos" de EINSTEIN lo fueron en términos de la física y los de STRAVINSKY en los de la música. Cada uno se enfrentó con lo

---

[3] El libro editado por Brewster Ghiselin (1952) y titulado *The Creative Process* revela algo de la naturaleza idiosincrásica del modo en que abordan su obra las personas creativas.

También resulta interesante la colección sobre Creatividad (1972) editada por P. E. Vernon.

[4] Para un resumen útil de tales enfoques, sobre todo en su relación con la educación, véase Ausubel y Floyd (1969), en especial las páginas 532-545.

[5] RK Elliott (1971, pág. 143) desea conservar la distinción entre descubrimiento científico como un logro del conocimiento y creatividad artística en la forma de "dar existencia" a algo que pueda ser "contemplado y admirado".

que, en términos generales, podría denominarse una situación de "resolución de problemas" en un contexto cultural específico e identificable.

Se advertirá además, sin embargo, que un producto creativo no puede ser nuevo en todos los aspectos, en especial si procede de un campo del esfuerzo humano que posee una tradición larga y establecida. Por tanto, la cuestión de la novedad debe ser considerada como relativa. A no ser que uno sea partidario de la creación *ex nihilo* (lo que en términos de la comprensión humana la hace ininteligible) procederá invariablemente de y entrará en *conflicto* con las reglas y convenciones de una actividad. Como señala OLFORD (1971): "Decir que X es 'creativo' significa afirmar que X supera las expectativas adecuadas contenidas en los criterios establecidos de excelencia o corrección" (pág. 81). En este sentido, la creatividad en un determinado campo puede acontecer de uno de los dos modos principales. El primero se refiere al hecho de que el acto creativo pueda extenderse de algún modo o ir más allá de la base existente. Aquí el conflicto queda expresado quizá más adecuadamente como "modificación", como cuando, por ejemplo, la física newtoniana transformó lo que se había heredado de la tradición de GALILEO y de KEPLER. El segundo modo de superar las expectativas convencionales, y el que resulta más radical, es alterar o sustituir realmente los criterios establecidos, como hizo EINSTEIN con la física newtoniana, reemplazándola con una teoría diferente por completo. Es posible que en tales logros culturalmente significativos no se observe tanto la creatividad en términos de modificación como de "trascendencia"[6]. Dicho un tanto poéticamente, los mayores logros creativos surgen como resultado de la reflexión eficaz sobre "pensamientos prohibidos". Tales logros revolucionan más que modifican un modo de empeño. Lo que importa comprender, sin embargo, es que la creatividad o la condición de novedad exigen un fondo del que pueda emerger algo nuevo.

Se ha señalado que una cuarta condición de la creatividad consiste en que cuanto sea producido o logrado tiene que ser valorado de algún modo. Eso equivale a decir que debe *evaluarse* positivamente como si hubieran alcanzado ciertos niveles. Esto se relaciona, si no es idéntico, con los criterios públicos por los que una determinada actividad humana es identificada y juzgada.

---

[6] En contraste con la idea de modificación, este término ha sido tomado de Briskman (1980, pág. 96).

Así la "creatividad artística" se estima conforme a los cánones de lo que se considera bueno o malo en el arte. Lo mismo sucede con la ciencia y otros campos de actividad. Como lo expresa WHITE (1975): "El grado en que estemos dispuestos a llamar (a los científicos o a los artistas) 'creativos' parece variar según el valor de sus descubrimientos, juzgados por las normas intrínsecas de su disciplina" (pág. 132). Aunque este comentario de WHITE pasa por alto la cuestión relativa a la trascendencia antes mencionada, refuerza la necesidad de tener un fondo relevante para formular juicios de valor. Sólo por y a través de los criterios que están asociados con una determinada forma de actividad, que ya es valorada, puede ser entendido más fácilmente el término de creatividad. En general, el trabajo creativo, en cualquiera de los empeños valorados de una cultura, se considera normalmente como algo conveniente. Constituye una tarea recomendable.

La prioridad lógica del producto sobre el proceso

En contraste con la justificación de la creatividad en función del producto, tal como acaba de exponerse, a veces se menciona como si fuese una especie de proceso o una serie de procesos mentales[7] que pueden determinar o no algo tangible. Lo que importa, sin embargo, en la relación del proceso con el producto es que el primero sólo tiene sentido en términos del segundo. La expresión "proceso creativo" únicamente puede hacerse inteligible con referencia a algo que es posible caracterizar como "creativo". De ahí la necesidad de poner en claro lo que es un producto creativo antes de poder estudiar sus eventuales correlaciones psicológicas.

Lo que aquí se afirma es que en la significación de la cratividad existe una prioridad lógica de la "justificación del producto" sobre lo que puede denominarse "justificación del proceso". Decir de alguien que es creativo supone referirse a algo que una persona ha producido y no simplemente a unos acontecimientos psicológicos que ha experimentado. No se refiere a unos procesos internos sino a unos productos públicamente evaluados. Por

[7]Al hablar del proceso creativo se adopta a veces la nomenclatura de Wallas (1926) en la que éste identificó cuatro fases reconocibles: preparación, incubación, iluminación y comprobación.

expresarlo de otra manera: las personas creativas sólo pueden ser reconocidas como tales con referencia a unos logros específicos dentro de un campo particular de actividad. A los grandes artistas y compositores del pasado se les considera creativos en razón de lo que "aportaron" en forma de pinturas y de música, y no por lo que se sepa respecto a los procesos que experimentaron durante su producción. Al formular esta declaración debe advertirse que esto no supone ni niega que puedan existir algunos procesos psicológicos independientemente identificables o rasgos de la personalidad asociados con la creatividad. Tampoco se afirma que no deba hacerse algún intento por estudiarlos como hechos "científicos" (como, desde luego, ha ocurrido)[8]. Lo que *se rechaza* es que puedan existir o ser estudiados como procesos psicológicos *creativos* o como "rasgos" de creatividad a menos que resulte claro lo que supone este *concepto*. BRISKMAN (1980) resumió claramente lo que aquí se mantiene al afirmar que:

> Mientras podemos describir la creatividad del producto sin referencia a proceso psicológico alguno, *no es posible* describir la creatividad de algunos procesos psicológicos sin referencia a los productos. Esto es cierto por dos razones: en primer lugar, porque un proceso es creativo *sólo* si determina un producto destinado a ser creativo; y en segundo lugar, porque cualquier proceso merecedor del calificativo de "creativo" supondrá una interacción "ineliminable" con productos "intermediarios" que ayuden a lograr los estados psicológicos del creador (pág. 93).

Ambos puntos poseen un significado para la educación, no menor que el otorgado a la danza dentro del *curriculum* del movimiento. Sin embargo, antes de proseguir la exploración con una referencia particular a la "autoexpresión", será útil señalar algo sobre la creatividad en relación con la educación.

Creatividad y educación

Hasta ahora hemos estudiado la creatividad en términos de un individuo que consigue un logro de significación cultural. En este sentido absoluto, la persona creativa es aquella que hace una

[8] Kneller (1967, págs. 62-76) proporciona un resumen útil de la creatividad en relación con la persona.

aportación singular en arte o en ciencia o en alguna otra forma valorada de tentativa. Está claro, sin embargo, que no puede esperarse de los niños de la escuela que sean creativos con unas medidas tan exigentes. En el contexto de la educación, la creatividad es quizá mejor examinada no en términos culturales o absolutos sino en los biográficamente relativos. Por conducta creativa en las escuelas se entiende de un modo más razonable, como indican AUSUBEL y FLOYD (1969), aquellas producciones que son nuevas sólo en relación a la "experiencia anterior de un individuo" (pág. 533). En esta versión modificada de la creatividad puede aludirse al niño que inventa, piensa, hace o produce algo que es nuevo para él, aunque pueda haberse logrado antes muchas veces por otros. El deseo de creatividad en educación procede ampliamente de la visión centrada en el niño, que mantiene que la creatividad es conveniente porque contribuye a promover la libertad y la autonomía individuales. Se considera que ayuda, en cierto modo, a la búsqueda de una autorrealización y de la identidad personal. Los pensadores utilitaristas afirman también que debe estimularse la enseñanza de la creatividad porque de ésta dependen el progreso cultural (por no decir nacional) y todo lo que eso supone en materia de eficacia y de competencia económicas. Sin embargo, al margen de las razones del reciente impulso en la idea de promover la creatividad como de interés en la educación, existe la creencia expresada de que "la creatividad no es un don especial de unos pocos elegidos. Se trata, por el contrario, de una propiedad compartida en un grado mayor o menor por toda la humanidad" (FOSTER, 1971, pág. 8). Se sostiene que "la creatividad está al alcance de cada individuo en función de su área de expresión y de su capacidad" (FLIEGLER, 1961, pág. 14).

La creencia de que cada niño posee un potencial creativo puede ser romántica. Sin embargo, no es irrazonable afirmar que la educación habría de proporcionar ciertas oportunidades para su promoción y desarrollo y que ello debería producirse en el contexto de unas determinadas actividades del *curriculum*. Dentro del *curriculum* del movimiento parece que lo más factible estriba en la promoción de la creatividad a través de la danza. Y esto es así, en primer lugar, porque se trata de una actividad estética y se reconoce en términos generales que existe más libertad y más campo para la creatividad en una actividad estética que en otra no estética o deportiva. En segundo lugar, la danza, en especial cuando interviene la composición, exige que uno sea creativo en un sentido bien absoluto o relativo.

Autoexpresión y educación estética

Resulta importante la relación de autoexpresión y creatividad y, con objeto de aclarar lo que no se entiende por autoexpresión en este contexto, será necesario primero distinguir otras dos formas para evitar después una posible confusión.

En su *sentido naturalista* la autoexpresión está, tal vez, mejor caracterizada como una forma de descarga emocional que determina una reacción irreflexiva ante una situación o acontecimiento como cuando, por ejemplo, un niño puede "irradiar felicidad", "suspirar de alivio" o "chillar de terror". Lo significativo de la expresión naturalista es que resulta a menudo sintomática de un estado o sentimiento específico y libre de una enseñanza o de un aprendizaje deliberados. Lo que sucede es espontáneo y carente de inhibición. Puede ser o no socialmente aceptable. Es una forma, como dijo DEWEY en una ocasión (1958), de "autoexposición" (pág. 62). En lo mejor y en lo peor, se trata simplemente de un hecho de la vida y de una indicación de nuestra humanidad. En este primer sentido, la autoexpresión es algo que todo profesor debería tener en cuenta y considerar en su enseñanza con objeto de que sea eficaz, pero no resulta central para su propósito como educador.

La segunda forma de autoexpresión, a veces invocada en nombre de la educación y de las actividades estéticas en particular es la que puede describirse como *terapéutica*. En ocasiones se dice, por ejemplo, que actividades como la "redacción creativa", el canto, la música, la pintura, la cerámica, el tallado, el dibujo, la música instrumental, la representación dramática y la danza impulsan al niño y/o al adolescente a manifestar "sus tendencias agresivas, sus conflictos y tensiones". Es probable que en muchos niños tenga lugar alguna forma de "catarsis". Desde luego son muchos los que sostienen que existe una conexión positiva entre las artes y la terapia[9]. Sea como fuere, en lo que aquí se insiste es que educación no es terapia. Los propósitos y objetivos del profesor no son los del terapeuta. Aunque puedan surgir efectos terapéuticos del trabajo del profesor en sus actividades estéticas o expresivas, ésta no es razón para que las enseñe. Como profesor se halla interesado en presentar al alumno esas activida-

[9] Véase, por ejemplo, la selección de textos realizada por Waller y Gilroy (1978).

des más por sus propios valores inherentes que por otros beneficios que fortuitamente puedan obtenerse como resultado de su participación. El propósito del educador no es el del terapeuta, aunque el resultado de lo que hagan pueda superponerse de hecho en un cierto grado.

Se ha señalado que ni la autoexpresión "naturalista" ni la "terapéutica" interesan fundamentalmente al profesor. La autoexpresion en educación, sobre todo quizá en lo que se refiere a la creatividad y a las materias estéticas, corresponde al principio de "no hacia el niño sino desde el niño". Sin embargo, no hay por qué considerar esto como un "haz lo que te parezca" sin trabas, sino como un equilibrio atentamente vigilado entre libertad y disciplina. Como observa DEARDEN (1968), en su sentido educativo, "la autoexpresión tiene que hallarse contrastada con una imposición exterior que suponga un ejercicio de elección en el que revelemos nuestros gustos y preferencias personales y, por consiguiente, nuestro estilo peculiar de reacción individual" (pág. 146). Y prosigue: "Su valor estético dependerá de la comprensión que poseamos" y precisa que "la autoexpresión de una persona instruida es un ejercicio de elección implícita o explícitamente guiado con referencia a unos criterios". Debería advertirse aquí que, aunque no pueda existir autoexpresión estética sin elección, no quiere eso decir que, en sí misma, la dotación de elección conduzca a una autoexpresión estética. Expresado de otra manera, la oportunidad de elección es condición necesaria pero no suficiente de la autoexpresión estética.

Se ha indicado antes que, en su sentido educativo, la autoexpresión supone tanto libertad como disciplina y que en las que pueden denominarse, en términos generales, "actividades creativas y estéticas" resulta necesario que esta relación sea entendida con más claridad. La primera puntualización que hay que hacer aquí es que se necesita tener un conocimiento y comprensión del medio o actividad en que uno está participando. Dicho de otra manera, es mucho lo que debemos aprender sobre las convenciones y reglas de una práctica antes de que pueda esperarse razonablemente que ejerzamos una elección al respecto. La libertad de elección sólo es posible con una base conocida de posibilidades. Aunque, como se ha mostrado, la autoexpresión creativa suponga, en su sentido absoluto, algo más allá de las reglas, éstas han de ser conocidas antes de trascenderlas significativamente. Al escribir sobre la creatividad en la danza, CHAPMAN (1972) observa:

> Si los niños y los estudiantes han de ejercer una elección para ser creativos (o estéticamente autoexpresivos), necesitan que se les presenten las elecciones que pueden hacer, y requieren algunos criterios que les permitan discriminar y formular juicios críticos (pág. 18).

Relacionada con el conocimiento de base en la forma de las reglas y las convenciones de una actividad figura la cuestión de las destrezas y técnicas de una tarea determinada. Es claro que poco podrá iniciarse y, menos aún, lograrse sin el necesario con qué. Por esta razón resulta un tanto vacío hablar de libertad sin disciplina. De ahí que BEST (1982) acierte al mantener que "si los niños no adquieren ciertas técnicas, sean del lenguaje, de las artes o de cualquier otra materia, estarán privados de ciertas posibilidades para la libertad de expresión y la individualidad" (pág. 285). A menos que se les enseñen las técnicas y destrezas específicas asociadas con diferentes actividades estéticas, ignorarán cómo expresarse. Lo que no siempre aprecian los defensores de la expresión libre centrados en el niño es que la competencia técnica no restringe sino que, en realidad, refuerza la libertad para la creatividad y la autoexpresión. Es necesario además comprender que la enseñanza de las destrezas y de las técnicas apropiadas, lejos de inhibir o tergiversar la libertad de creatividad y de autoexpresión, constituye la única manera clara de hacerla posible.

Lo que se deduce de lo dicho hasta ahora es que, para que los niños se muestren creativos y/o se autoexpresen en una actividad estética como la danza, resulta importante que hayan adquirido algún conocimiento del medio (en la forma de una comprensión crítica) y una cierta destreza (en la forma de un "vocabulario del movimiento"). Sin embargo, ¿qué se exige además? Yo indicaría algún uso de sus poderes imaginativos en el sentido de traducir lo que saben y pueden hacer en formas nuevas y frescas elegidas por ellos mismos. Al simular ser un carbonero o representar el papel de una enfermera revela algo de su percepción de lo que estas personas hacen. El niño toma de lo que se conoce y construye lo no conocido. El resultado es, a menudo, una mezcla de realidad y fantasía. Es tanto imitativo como imaginativo. Sigue las reglas y se aparta de éstas a la vez. Según WARNOCK (1977) la imaginación es "el poder de ver unas posibilidades más allá de lo inmediato; de percibir y sentir lo ilimitado en lo que tenemos ante nosotros, las complejidades de un problema, el enmarañamiento o las sutilezas de algo apenas advertido antes" (pág. 155).

Lo que exige la imaginación en la danza (así como en otras materias estéticas) es la capacidad para ver la posibilidad de la expresión de ideas, talantes, emociones, etc., *de un modo estético.* Supone tomar en consideración los criterios establecidos y las técnicas bien comprobadas con objeto de explorar y presentar algo que pueda ser tanto apreciado como valorado.

La oportunidad de autoexpresión en la danza llega tanto a través de la "interpretación" como de la "composición creativa". En el primer uso no importa tanto *lo que* se expresa como el medio de lograrlo. Puede optarse, por ejemplo, por el argumento de *West Side Story* o por un episodio de *Fame,* pero dejar enteramente abierta la manera en que se concibe y presenta. Debe advertirse que es posible ser, al tiempo, imaginativo y expresivo sin mostrarse necesariamente creativo, bien en un sentido absoluto o en un aspecto relativo. No obstante, en la "composición creativa" se exige no sólo una interpretación imaginativa sino la iniciación y la fragua de algo nuevo que no se haya concebido o intentado antes. La composición creativa se refiere a la *realización* de danzas más que a su *aprendizaje* y/o su interpretación. Requiere no sólo originalidad sino una clara captación de criterios estéticos y de conocimiento técnico de tal manera que pueda nacer con éxito lo que se ha concebido.

Se dice, a veces, que el papel más importante del profesor en la tarea de conseguir que los niños sean creativos y expresivos consiste en el establecimiento de un ambiente alentador y estimulante pero estable[10]. Desde luego resulta importante el clima de cualquier situación educativa y puede que esto sea especialmente cierto para las "materias estéticas". Al reconocerlo, sin embargo, no debe olvidarse nunca que la primera función de un profesor consiste en iniciar a los alumnos en actividades con comprensión y competencia técnica, de modo que posean los medios para que pueda producirse la autoexpresión. Sin comprensión y sin competencia técnica se imposibilitará la autoexpresión estética en cualquier sentido instruido.

Danza y educación estética

Al hablar de las posibilidades de la danza como actividad estética creativa y autoexpresión poco es lo que hasta ahora se ha

[10] Esta cuestión se pone también de relieve en una reciente publicación de la Comisión Escocesa sobre las Artes Expresivas en la Escuela Primaria (pág. 3).

dicho directamente respecto a los criterios a los que puede y debe hacerse referencia cuando la danza sea enseñada o valorada. Cuanto sigue no es más que una breve introducción a cada uno de estos temas, a la luz de lo que anteriormente se ha debatido.

Al enseñar la danza como una forma de arte resultan de una importancia clave *propiedades formales* como "ritmo", "simetría" y "armonía" o *composicionales* en términos de "equilibrio", "continuidad", "proporción", "unidad", "repetición" y "contraste". También lo son *cualidades expresivas* como "fuerza", "dinamismo", "audacia" y "debilidad" o "compasión", "temor", "ira" y "tristeza". Lo que aquí interesa, desde un punto de vista pedagógico, es que tales conceptos no deberían adquirirse de un modo aislado o independiente al margen de la danza, como si de algún modo se tratase de una previa necesidad lógica, sino más bien como parte integrante de su práctica ilustrada. Ser un bailarín instruido supone una comprensión estética en un alto grado. Significa ser capaz de encarnar lo que estéticamente se abarca en términos de la danza. En la realización artística, la comprensión estética es (o debería ser) presentada de un modo estéticamente significativo. Una educación estética en términos de la danza supone proporcionar, o tratar de proporcionar, una presentación artística de lo que es estéticamente entendido. Al enseñar danza uno se hallará (o deberá hallarse) inevitablemente interesado por la introducción a los conceptos de la estética y a los criterios estéticos. Estos se desarrollarán y crecerán, o deberían hacerlo, a partir de las demandas inherentes de la danza en vez de ser entendidos por separado y artificialmente aplicados. Eso no significa decir que no tenga que ser estimulado el estudio independiente de la terminología estética. Es claro que, en ocasiones, puede demostrar su valor. Lo que aquí se destaca es que en las escuelas debe otorgarse prioridad para que los alumnos realicen tareas artísticas que, si son bien impartidas, supondrán una comprensión estética, más que sólo estudiar de una manera críticamente aislada y marginada la terminología estética y las obras de arte, por valioso que esto pueda ser.

Cuando una danza es estéticamente evaluada, como cualquier otra obra de arte, impulsa a una referencia a criterios objetivos por medio de los cuales puede ser juzgada. No se trata de aplicar criterios predeterminados, como si el mérito de una obra pudiese ser de algún modo comprobado por (medio de) marcas y cruces, sino de penetrar imaginativamente en relación con la obra. Para valorar algo estéticamente primero es necesario analizarlo según sus propias cualidades esenciales y no en términos de algún propósito instrumental o extrínseco. Aunque, por decirlo así, hay indicadores objetivos, sería un error pensar que existe todo un conjunto de características que garanticen que cualquier artificio creado que las manifieste sea necesariamente meritorio. Desde luego, la doctrina kantiana de la "singularidad" niega que haya reglas generales cualesquiera para hacer o juzgar obras de arte. Simplemente no es posible, como desearían algunas personas, valorar la interpretación de una danza de acuerdo con una serie de reglas formuladas de antemano y utilizadas como una especie de vara de medir para formular un juicio.

Por el contrario, lo que se requiere a la hora de valorar estéticamente algo es una respuesta personal e imaginativa que puede o no invocar unos criterios establecidos. Decir de una danza que posee "unidad", "intensidad" y "complejidad"; que está integrada y "coherentemente estructurada"; que despliega "una amplia gama de movimientos sutiles"; que es "original", "auténtica", "potente" y "emocionalmente ágil" es probable que equivalga a afirmar que se la considera merecedora de alabanzas. Supone decir de *esa* danza que es buena porque es convincente y se caracteriza por aquellas cualidades estéticas que pueden ser señaladas y de las que es posible hablar en una cierta medida. Valorar una danza como forma de arte es examinarla desde un punto de vista estético y evaluarla en términos de criterios estéticos que son *relevantes* al respecto. Aunque los dichos criterios sean *públicamente* asequibles son siempre aplicados de modo *particular.* Es un mito pensar en una valoración artística en términos de criterios generales que sean universalmente aplicables a todas las obras de arte. Precisamente porque las obras de arte son distintivas requieren que también lo sean las valoraciones que de ellas se hagan.

Sabiendo todo esto, el profesor de danza no esperará de sus alumnos, cuando deba valorar lo que ellos o sus condiscípulos han hecho, una referencia automática y ritualista a los criterios establecidos, sino una respuesta informada, crítica y sensible a lo que se ha presentado. Lo que el buen profesor de danza buscará no es una apelación formularia y bien ensayada a las cualidades estéticas sino un juicio genuino basado en un punto de vista estéticamente perceptivo e individual[11].

[11] Libro útil respecto a la estética en su relación con la danza es el de Redfern (1983). Véase también Redfern (1984).

CAPITULO VIII

Educación, escolarización y el concepto del movimiento

A la luz de algunas distinciones que será preciso hacer en cuanto al lugar ocupado por el movimiento en el *curriculum*, resultará útil formular ciertas observaciones preliminares sobre la relación entre educación y lo que en los últimos años ha llegado a conocerse como "escolarización"[1]. Debe advertirse que en su sentido más amplio se entiende por escolarización todo lo que ocurre en una escuela, incluyendo la educación. El sentido más estricto y específico en que me propongo utilizar el término, con objeto de diferenciarlo de lo que a veces se denomina educación liberal, corresponde, sin embargo, a aquellos otros aspectos necesarios o deseables de la vida escolar que son buscados por razones más extrínsecas que intrínsecas. Se verá por eso que, en este segundo sentido más restringido, "escolarización" no es sinónimo de educación ni se limita a ésta. Mientras que la educación implica la transmisión de algo en sí mismo valioso, la escolarización supone desarrollar una actividad como medio de alcanzar algo.

El sentido básico de la "escuela" es hoy el de una institución especial creada y mantenida por la sociedad para transmitir aspectos de su cultura a la siguiente generación por medio de una enseñanza y de un aprendizaje deliberados. La justificación de la

[1] Para una introducción en este término, véase Barrow (1981, págs. 32-75).

escolarización se basa, en términos generales, en el hecho de que existan ciertas cosas que deseamos adquieran los niños o queremos proporcionarles, que no pueden impartirse tan bien en el hogar o en un entorno social amplio. Como resultado, la escuela actual, pese a las tentativas recientes de algunos pensadores radicales[2], sigue siendo un lugar al margen de la corriente general de la vida, nutrida por quienes en algún modo poseen conocimientos o son expertos. La clave para el *educador* en cuanto al papel de la escuela en la sociedad gira en torno a la pregunta: ¿qué valores son los más significativos? Por difícil y controvertida que sea la cuestión, puede considerarse la educación como un intento de despertar en el joven una capacidad para reconocer lo que es bueno y valioso. Conlleva la prescripción implícita de que, una vez identificados lo bueno y lo valioso, *deben* ser buscados. Claro está que lo que constituye lo bueno y lo valioso es una materia vieja y discutida[3]. En cuanto se refiere a la educación, sin embargo, la respuesta que proporciona este libro es que se trata de una iniciación de los alumnos en aquellos cometidos de tipo "académico" y "físico", valorados en sí mismos y de un modo moralmente defendible. Tema de los últimos capítulos ha sido lo que esto supone en relación con las condiciones expresadas. Dicho en pocas palabras, radica predominantemente en la racionalidad del conocimiento práctico, en especial en cuanto éste se halla (o debería estar) ejemplificado por la dedicación a unas actividades específicas. Así no sólo se reconoce el valor educativo de "saber cómo" actuar con competencia y comprensión en diversos cometidos culturales integrales sino el de apreciar (sobre todo cuando es lógicamente necesario proceder de tal manera) las dimensiones morales y estéticas de lo que se está haciendo.

Se entenderá, no obstante, que, al margen de la educación, la escuela se interesa también por alcanzar otros propósitos necesa-

[2]Aquí se hace referencia a pensadores actuales como Goodman (1981), Illich (1973) y Reimer (1971), que están en el centro de lo que ha llegado a conocerse como movimiento de "desescolarización". Este movimiento destaca dos ideas: en primer lugar que la educación y la escolarización no son necesariamente la misma cosa, es decir que no deben confundirse el ritual y el contenido; en segundo lugar que la institución de la escolarización, en razón de ser un proceso institucionalizado, daña el aprendizaje genuino.

[3]Libro útil, que resume cierto número de filosofías educativas con referencia a su fuente de valor, es el de Bigge (1982).

Otra obra útil que compendia las diferentes posiciones de valor del proceso del *curriculum* en "educación física" es la de Jewett y Bain (1985).

rios o deseables. A estos propósitos necesarios o deseables es a los que se atribuye el término "escolarización". Por tanto, la escolarización ha de ser considerada en el presente contexto como un término general que se aplica a aquellos aspectos valiosos o útiles del *curriculum* que no cumplen necesariamente las demandas de los criterios de la educación. Subraya en particular la diferencia entre realizar una actividad por su propio valor intrínseco y emprenderla en beneficio de algo más. Mientras que la educación está asociada con la realización de ciertas actividades por sus valores inmanentes, la escolarización se asocia más a la idea de efectuar dichas actividades por razones instrumentales o por propósitos marginales. BARROW (1981) reconoce que en el *curriculum* hay lugar tanto para "educación" como para "escolarización" cuando escribe:

> Al formar a nuestros hijos, además de educarles y socializarles, hemos de tener en cuenta cual será su futuro empleo; aparte de proporcionarles una educación por sí misma, debemos tratar de desarrollar sus aptitudes y luego hacer que se correspondan con las oportunidades probables, en beneficio de su existencia y satisfacción y en pro de un fluido funcionamiento de la sociedad (pág. 59).

Lo que se hace evidente es que la escuela, como institución social, no sólo debe interesarse por la educación en el sentido de que pueda liberar, como expresa BAILEY, de "lo presente y particular" (pág. 29) por una dedicación de los alumnos con fines intrínsecamente valiosos, sino que también debe interesarse (y asumir una cierta responsabilidad al respecto) por otros propósitos necesarios o deseables como la preparación para el trabajo o la promoción de la salud. No tiene por qué existir confusión o conflicto con tal de que sigan estando claras las distinciones. Lamentablemente, no siempre sucede así; de tal modo que, a la hora de redactar los resúmenes para el *curriculum*, se superponen los propósitos y objetivos de cada uno y se suscitan dificultades y confusiones sobre lo que se pretende y el modo en que cada uno puede ser enseñado y valorado. Esto no es sólo evidente en numerosos libros de texto de "educación física" sino también en muchos resúmenes de "educación física" recientemente elaborados para los exámenes. La pregunta diferenciadora clave para el profesor es: las actividades que se enseñan ¿son consideradas en sí mismas como fines valiosos (educación) o se las estima fundamentalmente como medios para promover un propósito extrínseco (escolarización)?

Se señaló antes que un caso central de escolarización es la "formación profesional". Aquí la preocupación primaria no radica en iniciar a los alumnos en el amor hacia una actividad por sí misma, sino más bien en la idea de prepararles para que se puedan colocar más fácilmente. La esencia de esta rama de la escolarización consiste en proporcionar a los alumnos una serie específica de conocimientos para que posteriormente sean capaces de desempeñar una determinada tarea con la que ganarse la vida, bien como mecanógrafa, albañil o fontanero. De este tipo son precisamente los diferentes programas aconsejados y patrocinados por la *Manpower Services Commission* (Comisión de Servicios de Mano de Obra).

Sean cuales fueren las reservas que podamos tener de la calidad y viabilidad de algunos programas, la cuestión es que se han convertido en parte del *curriculum* porque, desde el punto de vista utilitario, se considera que sirven a un propósito necesario.

Otro caso del *curriculum* de la escolarización, a menudo asociado con el bienestar individual y social, es el de "la forma física y la salud"[4]. Con frecuencia se formula como un objetivo de "educación física". No obstante, deberá advertirse que, si la "educación física" ha de entenderse en términos del valor intrínseco de las actividades físicas, no puede referirse también, sin riesgo de confusión, al propósito que radica más allá. Uno de los problemas que plantea el uso del término "educación física" es que ésta se relaciona no sólo con la "salud y la buena forma" sino también con otros propósitos extrínsecos, aunque deseables como, por ejemplo, "una preparación para el empleo saludable del tiempo libre". En razón de esta ambivalencia insatisfactoria del término "educación física", tal como es empleado corrientemente, es mejor olvidarlo, reemplazándolo por el término movimiento. La gran ventaja de este término es que permite hacer referencia tanto a la educación como a la escolarización sin confundirlas.

Quizá ya se ha dicho lo suficiente para recalcar que el lugar de las actividades físicas en el *curriculum* puede ser justificado en términos tanto de "educación" como de "escolarización". La

---

[4]Muchos libros sobre educación física mencionan la salud, la buena forma o ambas como objetivos de los programas de educación física. En el nivel primario, por ejemplo, Kirchner (1985, pág. 9) considera la buena forma como uno de entre siete objetivos. En el nivel secundario Corbin y Lindsey (1983) destacan considerablemente la buena forma en sus diferentes aspectos como parte del programa de "educación física".

diferencia entre ambas radica no tanto en *lo que* se enseña como en el *cómo* y el *por qué* se enseña[5].

El concepto de movimiento

Como se ha indicado, el concepto de movimiento proporciona al diseñador del *curriculum* la oportunidad de reconciliar las demandas de la educación y de la escolarización. Reconocer esto no significa debilitar la posición del movimiento en el *curriculum* sino, al contrario, fortalecerlo, puesto que para su inclusión no depende ya exclusivamente de una justificación educativa.

¿Cómo explicar mejor entonces el movimiento como "materia" en el contexto de la escuela y de su *curriculum*? Me propongo tratar de responder a esta pregunta examinando las que denominaré como las tres dimensiones del movimiento. Son éstas:

Dimensión I – "Acerca del" movimiento
Dimensión II – "A través del" movimiento
Dimensión III – "En el" movimiento

Debería destacarse que estas tres dimensiones del movimiento no son mutuamente excluyentes. Al contrario, se superponen e interrelacionan entre sí. Aquí se separan tan sólo a fines de análisis y aclaración. En la situación escolar, esto debería no sólo entenderse sino realizarse activamente mediante un programa estructurado de trabajo.

Dimensión I – "Acerca del" movimiento

La educación "acerca del" movimiento puede considerarse como una forma racional de indagación, interesada por responder a preguntas como las siguientes: ¿cómo está organizado el cuerpo para sostener y controlar el movimiento?, ¿qué efecto

[5] La incapacidad de diferenciar entre educación y escolarización, entre valores intrínsecos y extrínsecos, puede determinar dificultades respecto a los propósitos y objetivos. Esto no sólo se reveló en el estudio de Kane (1976), mencionado en el Capítulo Primero, sino que sigue constituyendo una fuente de dificultades en las escuelas (y universidades) de hoy. En un reciente análisis de una subcomisión del *Schools Council* (1982, pág. 49), por ejemplo, se reconoció que existe "falta de acuerdo acerca de los propósitos y objetivos". Creo que en parte es consecuencia de lo que aquí señalo.

tiene el movimiento en el organismo vivo?, ¿cómo se relaciona el crecimiento con el control motor?, ¿cómo aprende mejor el hombre a moverse de modos diferentes?, ¿de qué manera influyen el movimiento, o su ausencia, en el desarrollo de la personalidad?, ¿qué papel desempeña el movimiento en la tarea de facilitar la interacción y la comunicación?, ¿qué puesto ocupa el movimento en el estudio cultural del hombre?, ¿cuáles son los mejores modos de clasificar, analizar y anotar el movimiento?

Como materia de estudio, el movimiento se interesa por los desplazamientos humanos en toda su riqueza y diversidad. En la situación escolar, sin embargo, se interesará especialmente por esa familia de actividades físicas que comprenden los deportes y juegos, el atletismo, la natación, la gimnasia, la danza moderna y folclórica y las actividades al aire libre como la escalada, el remo y la orientación. Recurriendo a áreas como la anatomía, la fisiología, la física, la psicología, la sociología, la antropología, la estética y la filosofía, se puede considerar que abarca un área mixta de estudio e investigación. En el nivel de la escuela primaria o elemental el tema del "movimiento" puede ser estimado como un proyecto con referencia a los pasatiempos y juegos de las personas, del mismo modo que podría serlo un proyecto sobre los "planetas", el "mar", los "ríos" o los "combustibles". Además se pueden introducir, observar y ejercitar ideas del movimiento como correr, saltar, lanzar y recoger; o girar, volverse, encogerse y estirarse. Pero en los niveles superiores de la escuela secundaria, en donde ya se habrá asimilado un número considerable de ideas sobre las generalidades del movimiento, no existe razón para que el conocimiento acerca del movimiento no se haga mucho más discreto y parcelado en áreas especializadas de estudio como el crecimiento y el desarrollo humanos; la fisiología del ejercicio; la biomecánica de actividades específicas, el aprendizaje motor y la adquisición de destrezas, el puesto y la función de la danza en las diferentes culturas, la evolución de los juegos en la Inglaterra del siglo XIX, el deporte y el ocio en la sociedad contemporánea. Se advertirá que áreas integrantes como éstas se prestan por sí mismas a diferentes formas de estimación si esto es lo que se desea.

El movimiento como "campo de estudio" es una "disciplina" mixta y como tal se interesa por la comprensión de una "porción de la realidad: es decir, su descripción, su explicación y a veces su predicción" (KENYON, 1968, pág. 164). En cuanto que en este sentido académico o teórico el movimiento está orientado profesionalmente hacia la educación debe, por fuerza, ser selectivo en su contenido y mostrarse atento a cambiar mejorando a las personas de algún modo en una trayectoria coherente de estudio que destaque lo que puede decirse del movimiento de una manera racional y tener la capacidad de proporcionar respuestas satisfactorias a preguntas como éstas: ¿cuál es su propósito?, ¿qué actividades deben enseñarse?, ¿qué métodos se utilizarán?, ¿cómo puede ser valorado el programa de *curriculum*?

Se apreciará entonces que la educación "acerca del movimiento" se interesa predominantemente por la transmisión de un conocimiento proposicional y que es capaz de ser presentado de un modo discursivo. Es público y objetivo, en principio participativo, y por tanto comunicable. Posee el mérito de proporcionar una base teórica de comprensión que contribuye a hacer coherente y significativo lo que se observa y realiza. A este respecto conocer "acerca del" movimiento puede constituir un aspecto analítico, crítico y evaluativo de la educación del movimiento.

Dimensión II – "A través del" movimiento

La idea del aprendizaje "a través del" movimiento sigue asociándose quizá más corrientemente con el término "educación física" pero, como se ha mostrado, para que no se pase por alto la diferencia entre "educación" y "escolarización" vale más evitar el término "educación física" porque combina de un modo confuso los valores intrínsecos de actividades físicas con los extrínsecos. En los textos, la educación física no sólo es ambigua en términos de sus objetivos sino que lleva consigo un dualismo implícito que sugiere una separación de la mente y del cuerpo.

En el contexto del *curriculum* escolar, la dimensión "a través del" movimiento es óptimamente concebida como instrumental en su propósito. Puede ser considerada capaz de ayudar *a*) en la promoción de objetivos educativos que no sean propios o *b*) en la promoción de otros objetivos necesarios o deseables de un tipo "no educativo". La dimensión de "a través del" movimiento es por eso adaptable y flexible. Incluso puede utilizarse de forma beneficiosa dentro de las áreas académicamente orientadas del *curriculum*. Aquí supondrá la utilización inteligente de aquellas situaciones que se suscitan, o pueden sucitarse intencionalmente, en la enseñanza de las actividades físicas capaces de contribuir a la iniciación de los alumnos en lo que a veces se ha mencionado como formas básicas de conciencia. Así puede lograrse relacionar la educación "a través del" movimiento con el aspecto "académico" de la educación al menos de dos modos principales:

(I) puede ser "ilustrativa" de algo que ha surgido en otro contexto o

(II) puede plantear problemas y cuestiones propios de improbable solución a menos que se les refiera a una o más de las formas básicas del conocimiento.

En aras de la conveniencia, denominaré respectivamente a estos dos modos principales de relacionar el movimiento con la educación, en su sentido académico, como la "función ilustrativa" y la "función referente".

La función ilustrativa

La función ilustrativa se entiende tal vez mejor en términos de la pregunta "¿cómo puedo yo, el profesor, lograr que los niños entiendan mejor lo que han aprendido en el aula a través del empleo activo de sus cuerpos o de las actividades anejas que forman una parte del movimiento?"

Es posible, por ejemplo, que puedan ponerse a prueba y hacerse más significativos para los alumnos los principios mecánicos que surgen de la ciencia, si ellos mismos o sus compañeros actúan como sujetos. En actividades como el atletismo, el buceo, los saltos de trampolín y la gimnasia, la teoría puede transformarse en práctica. La pista, la piscina y el gimnasio pueden convertirse en una prolongación del laboratorio. Al margen de la posibilidad de transformar algo inerte y abstracto en algo nuevo y significativo, el empleo activo del propio cuerpo en el aprendizaje puede tener diversos efectos capaces de contribuir al desarrollo del conocimiento y de la comprensión. Puede ayudar a "personalizar" el conocimiento[6]; proporcionar una nueva perspectiva al mismo material; iluminar y proporcionar una mayor profundidad a lo que ya se "conoce" en cierto sentido; y puede actuar como proceso secundario de reforzamiento.

[6]Polanyi (1973) afirma que el conocimiento no es nunca impersonal ni está aislado por completo. Supone siempre una cierta participación personal.

La función referente

Se entiende mejor la función referente, como la ilustrativa, en términos de una pregunta. Examinemos la actividad de la danza. Es posible que en un determinado momento de una lección surja la pregunta "¿qué es lo que hace que la danza sea danza?" No pasará mucho tiempo hasta que surjan infinidad de preguntas más acerca de nociones como la expresión, el ritmo, la línea, la forma, la ilusión, etc. Si persisten tales preguntas es inevitable tener que referirse a esa rama del conocimiento denominada estética.

Puede suscitarse un segundo ejemplo de la función referente en el caso de los juegos. En esta situación, quizá se plantee una pregunta como "¿por qué es necesario tener reglas?" Si el educador toma en serio esta interrogante, es posible que le conduzca a una consideración del propósito de las reglas, su función y su justificación o a alguna otra cosa. Conceptos como libertad, igualdad y justicia están relacionados, ya se ha visto, con nociones como "deportividad" y "juego limpio" y son aplicables dentro y fuera del campo de juego.

De modo similar, cuando se enseñan expresamente unas actividades pensando en la promoción de los intereses de la escolarización, puede estar justificada su inclusión en el *curriculum* si es posible demostrar que son los medios mejores, o al menos buenos, para la promoción de otros propósitos útiles o de algún modo, deseables. De esta manera, si se puede evidenciar, por ejemplo, que jugar al fútbol incrementa la socialización en diversos modos específicos, entonces puede afirmarse razonablemente que este deporte constituye un medio útil para mejorarla. Así, desde el punto de vista de la escolarización, el fútbol puede enseñarse y justificarse sobre la base de la "socialización" si se estima que, por varias razones, los alumnos la requerían, por ejemplo, porque carecían de experiencia social o eran antisociales.

Para el instrumentalista, lo que importa no es preguntarse si las actividades físicas son enseñadas por sus propios valores intrínsecos, de un modo educativo, sino si, como resultado de su enseñanza, pueden utilizarse para servir a un propósito necesario o deseable. Si, en otras palabras, es posible afirmar que las actividades del movimiento constituyen un excelente medio de impulsar unos propósitos de tipo "no educativo" pero justificable, entonces hay buenas razones para incluirlas, al margen de sus propios valores intrínsecos.

Se advertirá, pues, que puede postularse el uso *instrumental* de las actividades del movimiento en el *curriculum* como medio de:

a) promover objetivos educativos *distintos* de los del movimiento o
b) promover los objetivos de la *escolarización.*

Ejemplos del punto *a*) son:

(I) comprensión científica;
(II) comprensión y apreciación estéticas;
(III) comprensión y conducta morales.

Ejemplos del punto *b*) son:

(I) interacción social y socialización;
(II) buena forma y salud;
(III) el empleo saludable del tiempo libre.

Adviértase que el grado en que las actividades físicas pueden emplearse instrumentalmente a los efectos de los objetivos de la "educación" y de la "escolarización" dependerá siempre en una u otra medida de la intención, el conocimiento, la imaginación y la destreza del profesor. Lo que importa especialmente es que el profesor sea capaz de reconocer la diferencia entre los dos "empeños" y, si es necesario, se encuentre en posición de justificar cada uno.

En conjunto, la dimensión de "a través del" movimiento se concibe mejor como parte del *curriculum* que puede utilizarse como un medio de realzar y armonizar los aspectos físico, intelectual, social y emocional de un individuo en su desarrollo, sobre todo, a través de actividades físicas profesionalmente seleccionadas y dirigidas.

Dimensión III – "En el" movimiento

"Acerca del" movimiento se ha definido como referido al movimiento como un campo o un cuerpo teórico de conocimiento que puede estudiarse académicamente de un modo imparcial, mientras que "a través del" movimiento, se dice, guarda relación con el empleo justificable de esa familia general y de base cultural de las actividades físicas a la que, con una enseñanza inteligente, puede hacerse que proporcione valores que no le resultan necesariamente intrínsecos. En esta tercera dimensión de "en el" movimiento el interés corresponde a los valores que son parte inherente de las propias actividades. Por expresarlo de otra manera: "en el" movimiento sostiene la concepción de que las actividades del movimiento, en especial cuando se examinan "desde dentro" o en una perspectiva de participación del agente que se desplaza[7], resultan, en sí mismas, valiosas. Lo que las convierte en educativas es que:

(I) se interesan por un aspecto valorado de nuestra herencia cultural;
(II) ejemplifican un conocimiento y una comprensión de un tipo más práctico que teórico.

De ahí surge una situación o proceso educativos especialmente cuando:

(III) se realizan y desarrollan por sí mismas y no en función de los beneficios externos o extrínsecos que puedan aportar intencionalmente o no;
(IV) se enseñan de un modo moralmente aceptable.

Una educación "en el" movimiento como una vida buena será una vida "mixta". Comprenderá cierto número de actividades físicas intrínsecamente valiosas, reconocidas como tales no sólo en un sentido "objetivo" sino también "subjetivo". Deben considerase valiosas tanto por otros como por los participantes. Hallarse en una situación educativa no es simplemente cuestión de realizarlas de una manera formularia y prudencial sino de comprometerse en la tarea porque ésta se muestra significativa y satisfactoria.

Debe aclararse que, aunque la educación con relación al concepto de movimiento se explica, en parte, por referencia a las dimensiones del "acerca del" y "a través del" movimiento, ninguna se interesa fundamentalmente por el movimiento como una familia de actividades y procesos cargados de significado que son de interés en sí mismos y que merece la pena realizar por los valores que intrínsecamente contienen y las fuentes de satisfacción que proporcionan. No es tampoco que las dimensiones del "acerca" o del "a través" sean irrelevantes o estén desconectadas de la noción del "en el" movimiento. Al contrario e inevitablemente, ambas lo alimentan y, en sus diferentes maneras, contribuyen a iluminarlo. Por tanto, las tres dimensiones del concepto

[7] Para una explicación más profunda de lo que aquí se da a entender, véase mi libro *Meaning in Movement, Sport and Physical Education* (1979b).

del movimiento no están separadas sino relacionadas funcionalmente. Cada dimensión no excluye a las otras sino que las solapa y se ensambla con ellas. El concepto del movimiento es mutuamente reforzante e interdependiente. Como un triángulo, posee diferentes puntos de importancia que destacan en distintos momentos. Si sólo se concibiese el movimiento en términos intelectuales o pudiera formularse proposicionalmente, constituiría tan sólo una tarea académica aislada y desencarnada. De manera similar, si se considerase el movimiento sólo como un medio de servir a unos fines diferentes de los propios, seguiría siendo puramente instrumental por su carácter y no merecedor por sí mismo de ser educativo. Para captar de un modo adecuado las implicaciones del concepto del movimiento en el *curriculum*, tiene que ser considerado no sólo como un campo de estudio y poseedor de un valor instrumental, sino como un grupo valioso de actividades físicas que es preciso acometer por su propio valor intrínseco.

Se advertirá que aunque "en el" movimiento se relaciona ampliamente con "saber cómo", emprender unas actividades físicas y familiarizarse de un modo vivo y directo con ellas, el que se mueve, que es el autor de sus acciones de movimiento, puede enriquecer y lograr una mayor comprensión de lo que hace mediante un conocimiento de "lo que sucede", del mismo modo que puede contribuir a entenderlo por obra de una apreciación instruida de los medios apropiados. No existe así una división artificial y tajante entre las dimensiones. La noción de "en el" movimiento sin el empleo de algún conocimiento racional resultaría intelectualmente vacía, del mismo modo que sin cierta utilización del movimiento como medio no conseguiría alcanzar algunos de sus objetivos.

Por tanto, la noción de educación "en el" movimiento no es una entidad aislada ni separada. Aunque destaca el hacer de la persona que se mueve, lo relaciona con y aprovecha las otras dimensiones en diferentes momentos y en diversos grados según sea la situación. No obstante, reconocerlo no es menoscabar el concepto del movimiento como una familia de actividades integrales a las que puede consagrarse significativamente una persona sin ninguna otra razón que la de considerarlas merecedoras de ser emprendidas. Para cualquiera son potencialmente y en sí mismas interesantes y satisfactorias. Permiten a la persona en cuestión actualizar sus dimensiones físicas en la forma de unas capacidades desarrolladas, de unas realizaciones diestras y de unos logros objetivos que son en sí mismos valiosos. Proporcionan ejemplificaciones encarnadas de la herencia deportiva y coreográfica de una cultura que no aborda ninguna otra materia del *curriculum*. Al cumplir sus propias reglas internas, sus normas y tradiciones peculiares es, en sí mismo y por sí mismo, educativo. Una iniciación en los casos paradigmáticos del movimiento, tanto si se trata del deporte, la danza o las actividades al aire libre, resulta esencialmente valiosa y, por ello, debería formar parte de cualquier *curriculum* escolar. Lo que les proporciona su importancia y singularidad es que son actividades culturamente significativas y orientadas físicamente, interesadas por una racionalidad de un tipo más práctico que teórico y capaces de proporcionar a quienes las realizan diversas satisfacciones intrínsecas así como cierto número de beneficios extrínsecos y no buscados.

El movimiento y su lugar en el *curriculum*

Se resume ahora la argumentación en favor de la inclusión del movimiento como "materia" del *curriculum,* prescribiendo de las razones prácticas y administrativas. Los argumentos son los siguientes. En primer lugar los avances recientes en la articulación del movimiento como "campo de estudio"[8] están ahora suficientemente bien establecidos para ser considerados como un área de interés académico y merecedora por sí misma de estudio. En segundo lugar, es posible justificar el movimiento sobre una base instrumental si puede mostrarse que también se cumplen otros fines educativos o deseables. En tercer lugar, las actividades del movimiento, en especial quizá las denominadas deporte y danza, son una parte valorada y constituyente de nuestra cultura y, como tal, deben ser transmitidas cuidadosamente de una generación a la siguiente. En cuarto lugar, el movimiento, al margen de la dotación de tipos distintivos de significados contextuales integrales, físicamente exigentes, cargados de destrezas y basados en la acción, es la única área del *curriculum* que se encuentra directamente interesada por aquellas experiencias de desplazamiento que forman parte integrante de lo que tiene que ser una persona.

[8]Para un resumen útil de la gama de disciplinas y temas abarcados por esta frase, consúltese Brooks (1981). Véanse también textos generales de introducción como los de Barrow (1983). Bucher (1983), Larson (1976), Nixon y Jewett (1980), Rivenes (1978) y Gensemer (1985).

CAPITULO IX

Planificación racional por objetivos del *curriculum* del movimiento

En el capítulo anterior se explicaron las tres dimensiones del concepto del movimiento. Se descubrió que hay razones, tanto intrínsecas como extrínsecas, para acometer actvidades físicas como una parte del *curriculum* y que éstas se entienden en términos de educación y de escolarización respectivamente. Es importante que los profesores en ejercicio tengan muy en cuenta la distinción entre hacer algo por sí mismo, porque es intrínsecamente valioso, y hacer algo porque es, o porque se cree que es, útil para la promoción de otra cosa. Por significativos que resulten los aspectos de "escolarización" del *curriculum* del movimiento (sobre todo en su relación con materias vitales como la buena forma física, la salud y el empleo saludable del tiempo libre, la atención de este capítulo se centrará en el *curriculum* del movimiento en sus aspectos educacionales o no utilitarios. Desde luego, esto no supone, desacreditar o denigrar el lado de "escolarización" del *curriculum.* Más bien se considerará como una tentativa de expresar, desde el punto de vista educativo y con mayor claridad que la usual, lo que supone el *curriculum* del movimiento. Esto es importante para no confundir las dos partes del *curriculum* del movimiento. El reconocimiento de esta distinción es crucial a la hora de fijar los objetivos.

Factores básicos en la planificación racional del *curriculum*

Si el elemento "educativo" del *curriculum* del movimiento consiste en proceder de un modo racional, sus valores o propósitos deben relacionarse con lo que se hace en términos del contenido o de las actividades seleccionadas y sus objetivos así como con los métodos o procedimientos emprendidos. A estos tres factores algunos añadirían una cuarta evaluación, de modo que se lograse una especie de estimación y de valoración del grado de eficacia de un programa y del modo en que puede alterarse, si es necesario, para hacerlo más útil. Cuando se adopta este modelo de planificación del *curriculum* de cuatro factores, se reconoce ahora habitualmente que la relación entre los factores debe ser "cíclica" más que "lineal", si el proceso profesor/alumno ha de ser continuo en vez de terminal (véase Figura 1).

Lo que debe quedar claro es que la planificación racional del *curriculum* (PRC), en el modo en que pretendo utilizar el término, no debe entenderse, tal como hacen algunos teóricos como

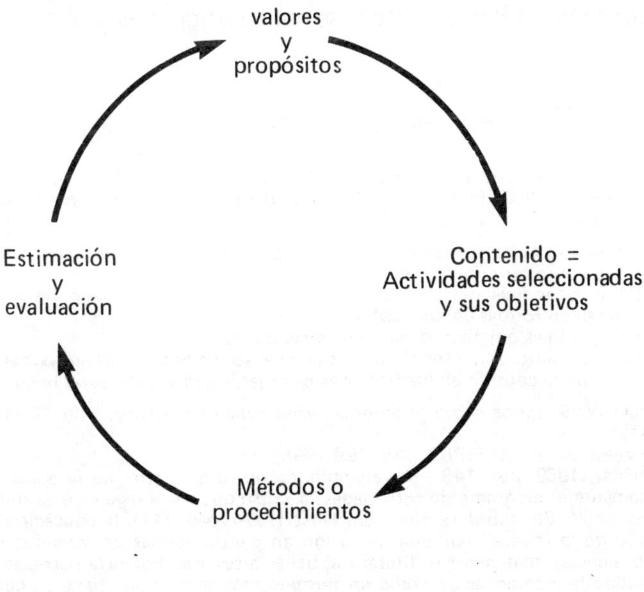

Figura 1: Factores básicos en la planificación racional del *curriculum*.

"la preespecificación de los resultados de la conducta"[1]. Más bien debería concebirse como referida a dar buenas razones de lo que se ha decidido. Supone evidenciar qué base existe para la adopción de un programa en vez de otro en razón de los datos apropiados, el empleo de una argumentación coherente y la expresión clara de una concepción respecto al valor de las actividades físicas en el *curriculum* general, habida cuenta de las circunstancias especiales de una determinada escuela.

Adviértase que en este empeño resulta de vital importancia el papel del profesor porque es quien está en mejor posición no sólo para planificar un programa de trabajo sino para aplicarlo y evaluarlo. Lo importante aquí es que cualquier acción referida al *curriculum* tiene lugar en un contexto específico y dentro de una serie de tradiciones[2].

¿Pero qué es el *curriculum?* ¿Cómo puede concebirse y explicarse? Evidentemente el significado de esta palabra posee muchas connotaciones. Algunos teóricos desean que se limite a aquellas actividades que se interesan por la educación[3] y no por la escolarización. Otros estudiosos quieren incluir aquellos elementos que están "ocultos" así como los que de algún modo se encuentran al descubierto y se hallan oficialmente marcados en el

---

[1] Véanse, por ejemplo, Bloom y cols (1966), Krathwohl (1956), Harrow (1972) y Tyler (1971).

Lo que a menudo se entiende por *Rational Curriculum Planning by Behavioural Objectives* (RCPBO) Planificación Racional del *Curriculum* mediante Objetivos de la Conducta se caracteriza por cuatro rasgos:

(I) que la educación puede ser definida como *el proceso de cambiar la conducta* o como *cambio de conducta;*
(II) que los fines del *curriculum,* generalmente denominados objetivos, se expresan en formas *conductuales;*
(III) que tales objetivos *deben ser mensurables;*
(IV) que tanto el *contenido* de lo que se enseña como el *método* por el que se enseña se consideran *medios* de estos objetivos mensurables de la conducta.

Para comentarios sobre lo anterior, véase Open University, Unit 16 (1976, págs. 23-31).

[2] Véase Oakeshott (1962, págs. 198-199).

[3] Hirst (1969, pág. 143), por ejemplo, escribe que el término se aplica "más adecuadamente al programa de actividades, al curso que van a seguir los alumnos para su instrucción". Se recordará que, para Hirst (1974, pág. 141), la educación es el "desarrollo de la mente" por una iniciación en ciertas formas de actividad intelectual como ciencias, matemáticas, literatura, bellas artes, etc. Por otra parte, se considera a menudo la escolarización como un término más general que tiene en cuenta otros aspectos del bienestar de una persona, como puede ser la salud. Véase, por ejemplo, Barrow (1981, págs. 32-69).

tiempo. En aras de la claridad, propongo utilizar el término para referirlo a todas aquellas actividades planificadas de una escuela, realizadas de una manera tanto formal como informal, y que se estimulan y emprenden teniendo en cuenta los intereses y el bienestar de los alumnos.

Incluirá la educación así como aquellos elementos de la escolarización que se consideran tanto necesarios como deseables. Este enfoque más amplio del *curriculum* es definido por KERR (1969) como "todo aprendizaje que es planificado y guiado por la escuela, tanto si se realiza en grupos o individualmente, dentro o fuera de ésta" (pág. 16). Semejante definición proporciona una base más general para la planificación y el desarrollo del *curriculum.*

Consideraciones subyacentes en la planificación racional del *curriculum*

LAWTON (1973) señala que, al planificar racionalmente un *curriculum,* es necesario tener en cuenta al menos tres tipos de consideraciones. En primer lugar, existen aquellas que se derivan de *la naturaleza del propio conocimiento.* Aquí vale la pena recordar que el movimiento no se interesa sólo por el "conocimiento teórico" o conocimiento de lo que se trata y que puede ser formulado proposicionalmente, sino también por el "conocimiento práctico" o conocimiento del modo de hacer o de proceder con diferentes formas de actividades[4]. Aparte de que el movimiento se interese por el "saber que" y por el "saber cómo" es posible, al menos en un nivel objetivo, hablar de "saber por familiaridad", que tiene que ver con la percepción cinestésica de una acción por parte del agente, por ejemplo, la del lanzamiento de disco. Este puede surgir de la práctica de una destreza dominada[5]. No me referiré aquí a este tercer tipo de conocimiento. En segundo lugar, indica LAWTON, es necesario tener en cuenta *la naturaleza del niño* o de cada uno de aquellos para quienes se planifica el *curriculum.* La cuestión aquí, como desta-

[4] Recuérdese que Carr (1978) afirmó que las actividades prácticas, no menos que las teóricas, poseen su propia racionalidad.

[5] Para una explicación más completa del conocimiento por familiaridad y su relación con la percepción cinestésica, véase Arnold (1979b, págs. 110-115).

can los teóricos de la educación "centrados en el niño", es que no puede existir ninguna enseñanza eficaz si sólo se considera la lógica de la materia en vez de tener en cuenta también lo que se sabe respecto del crecimiento "físico", "emocional" y "cognitivo" y del desarrollo del niño en general. Como DEWEY observó una vez (1958, pág. 138), es necesario "psicologizar" el *curriculum* para facilitar el aprendizaje del alumno. En tercer lugar, LAWTON afirma que debe considerarse la *situación social.* Unida a ésta y estimulada en parte por el Gran Debate *(Great Debate)** de mediados y finales de la década de los setenta, figura la exigencia de "relevancia" y de "justificación" en la educación. Sobre todo desde entonces, el movimiento, al igual que otras materias del *curriculum,* ha tenido que proporcionar argumentos justificativos para su presencia continuada como materia obligatoria[6]. Hasta ahora se ha logrado proceder así, en parte apoyándose en la "herencia cultural", el "conocimiento práctico" y en razones "creativas y estéticas" y en parte en la salud y en la buena forma física, en la socialización y en la preparación para el uso saludable del tiempo libre en una época en que, por diversas razones, son cada vez más las personas jóvenes, maduras y ancianas que no trabajan.

Tal vez lo dicho baste para indicar que la planificación racional del *curriculum* en el movimiento, como en otras materias, debería tomar en consideración no sólo la lógica de un número cuidadosamente seleccionado de actividades sino también el *cuándo* y el *cómo* éstas se enseñan mejor, así como las razones intrínsecas y extrínsecas de este proceder. Mérito de la serie de consideraciones de LAWTON es que garantizan que la planificación del *curriculum* no caiga en un vacío escolástico. Lo que parece claro es que, en la futura planificación del *curriculum* en las escuelas, no sólo se hará referencia a los argumentos educativos sino también a otras formas de argumentación como las corres-

*El Gran Debate *(Great Debate)* fue iniciado en el Reino Unido en 1976 por el Primer Ministro James Callagan y dio origen a una gran confrontación de puntos de vista entre asociaciones profesionales (y no sólo de enseñantes) y colectivos sociales muy variados acerca de qué fines y contenidos culturales deben favorecer las instituciones escolares. Este Gran Debate permaneció abierto hasta la aprobación del Acta de Reforma de la Educación *(Education Reform Act)* en 1988 *(N. del R.).*

[6] Es el núcleo obligatorio de un número restringido de materias que, como se ha indicado, formarían una parte necesaria del *curriculum* de todos los alumnos. Kirk (1986, pág. 2) se refiere al *"core curriculum"* (*curriculum* obligatorio) como constituyente de "aquellos estudios o actividades que se espera que realicen todos los alumnos". En Escocia, el Informe Munn (1977) otorga este rango a la educación física.

pondientes a la formación profesional y el bienestar personal y social. Todo ello se clarifica cada vez más a medida que se ejercen presiones económicas y políticas sobre las escuelas y lo que en ellas se enseña[7].

En la Figura 2 se muestra un modelo de planificación racional del *curriculum* que tiene en cuenta las consideraciones citadas pero que, además, trata de presentar la relación entre ellas.

Debería advertirse que el centro de este modelo es el profesor. En definitiva, la eficacia de un *curriculum* depende de las deci-

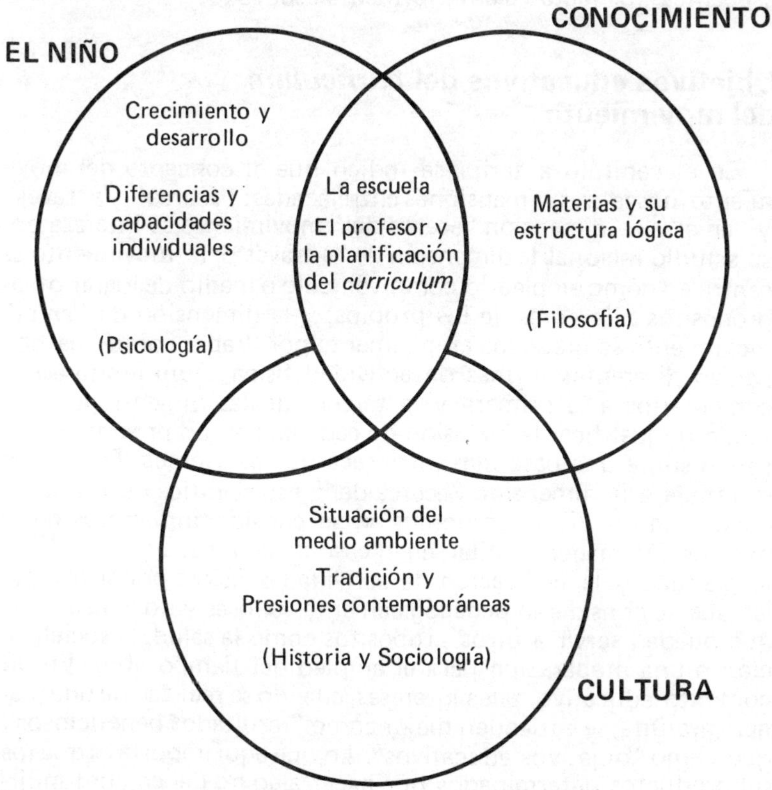

Figura 2: Consideraciones subyacentes de la planificación racional del *curriculum.*

[7] Véanse, por ejemplo, Maclure (1983) y Skilbeck (1980).

siones que éste tome y de la calidad de la enseñanza proporcionada. Incluso teniendo en cuenta que en un país como Gran Bretaña existe un creciente compromiso oficial por lograr mayor claridad en los objetivos y en el contenido del *curriculum* mediante la postulación y aprobación de "criterios nacionales" para las diferentes materias, el profesor sigue ocupando el puesto decisivo en relación con lo que es posible lograr. Es el docente, más que nunca quizá, quien necesitará tener en cuenta su preparación profesional y ver cómo se aplican a sus circunstancias específicas los factores anteriormente esbozados.

Objetivos educativos del *curriculum* del movimiento

En el capítulo anterior se indicó que el concepto del movimiento posee tres dimensiones entrelazadas: "acerca", "a través" y "en el". La dimensión "acerca del" movimiento se interesa por su estudio racional, la dimensión de "a través del" movimiento se centra en cómo emplearlo como vehículo o medio de lograr otros propósitos diferentes de los propios; y la dimensión de "en el" movimiento se preocupa ampliamente por "saber cómo" participar en diferentes formas de actividad física. Aquí limitaré mis comentarios a la primera y la tercera de las dimensiones y al modo de justificar la inclusión de cada una en un programa educativo sobre una base más intrínseca que extrínseca. Por lo que se refiere a la dimensión "acerca del", eso significa decir que un conocimiento y una comprensión se consideran valiosos en sí mismos. De manera similar, en el caso de la dimensión "en el" es la práctica y la realización de actividades físicas por sí mismas las que se consideran pedagógicamente valiosas y no el hecho de que puedan servir a otros propósitos como la salud, la socialización o una preparación para el empleo del tiempo libre. En un contexto educativo, tales intereses, cuando se realizan de una manera gratuita, se entienden mejor como "resultados beneficiosos" que como "objetivos educativos". Lo que aquí importa es que los subproductos determinados por hacer algo no deben confundirse con aquellos valores inherentes a lo que se hace. Una de las diferencias entre emprender una actividad por una razón educativa, en contraste con una utilitaria es, como se ha visto, que la primera considera la actividad como valiosa en sí misma, mientras que la segunda sólo la ve como un instrumento o un medio para lograr algo más[8]. En este libro me intereso sólo por los objetivos "educativos". En el texto que sigue sólo se atenderá por eso, a aquellos objetivos del *curriculum* del movimiento que surgen lógicamente por sí mismos del estudio y de la práctica del movimiento, al margen de cualquier beneficio utilitario que puedan aportar fortuitamente.

La dimensión de "acerca del" movimiento en el *curriculum* se interesa por tres series distintas, pero relacionadas, de objetivos: conceptuales, empíricos e informativos. No suponen necesariamente una participación "en" actividades físicas y por eso se les denomina quizá mejor "objetivos no participativos". Además, en cuanto a la dimensión de "en el" movimiento, quiero señalar que hay también tres series distintas pero relacionadas de objetivos para el *curriculum* del movimiento. Son las destrezas previas, las contextuales y las expresivas. Como la dimensión de "en el" movimiento se interesa *necesariamente* por la práctica de actividades físicas, me referiré a éstas como "objetivos participativos" (véase Figura 3).

Unidas estas dos agrupaciones de objetivos surgidos del concepto del movimiento, constituyen y ayudan a ejemplificar la naturaleza de la educación en el *curriculum* del movimiento.

Objetivos no participativos

Objetivos conceptuales

En un sentido importante se apreciará que, a menos de entender la naturaleza y el propósito de una actividad, será difícil realizarla de un modo significativo. La participación eficaz en una actividad presupone, desde luego, un conocimiento de las reglas que la caracterizan. Sin una idea clara de las reglas y convenciones de una actividad, tendría poco sentido afirmar siquiera que se la conoce. No obstante, se advertirá que es posible entender un juego (por ejemplo, el *rugby)* sin tener realmente que practicarlo. Mantener esto no significa negar el valor y la experiencia de jugar, pero supone rechazar la idea, a veces expresada, de que es necesario primero ser un participante competente en un juego para entenderlo. Existe, desde luego, una gran diferencia entre

[8] Dos artículos que exploran la relación entre los valores "intrínsecos" y "extrínsecos" de las actividades físicas en el contexto de la escuela son los de Meakin (1983) y Thompson (1983).

Figura 3: El modelo tridimensional del *Curriculum*

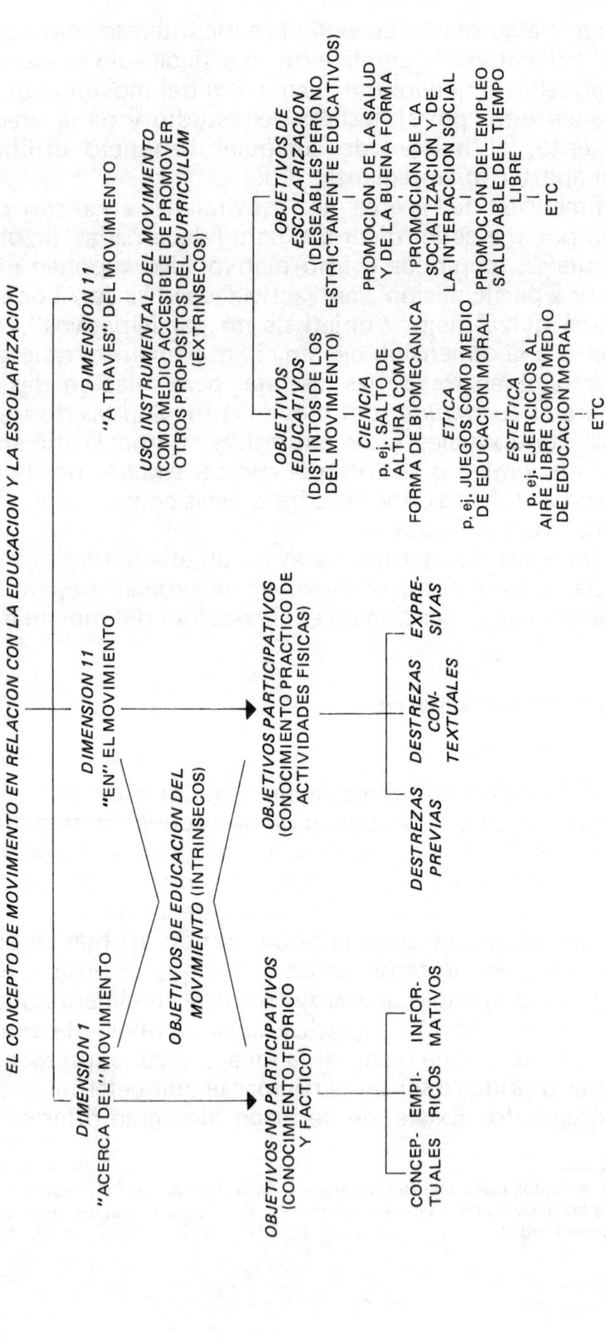

comprender lo que supone una actividad y ser capaz de participar en ésta con eficacia. La separación entre el concepto de una actividad y su práctica eficaz es considerable. Aunque la práctica eficaz suponga una comprensión, se advertirá que ésta no garantiza necesariamente por sí misma la primera. Así es posible hallarse conceptualmente instruido "acerca de" diferentes formas de actividad del movimiento sin tener necesariamente que acometerlas. La cuestión es que un aspecto de la educación del movimiento tiene que ver con la aclaración conceptual y que esto no significa forzosamente la intervención como participante.

Uno de los objetivos de la educación del movimiento es garantizar que se aprendan y entiendan las reglas, tanto formales como informales, de cada actividad seleccionada. Sólo entendiendo las reglas que gobiernan y precisan una actividad podrá ésta realizarse de un modo inteligente por un participante o ser valorada y estimada significativamente por un observador. La aclaración y la comprensión conceptuales son, por eso, de gran importancia como objetivo en el *curriculum* del movimiento.

Se apreciará entonces que los objetivos conceptuales del *curriculum* del movimiento están ligados lógicamente a las reglas de cada actividad. Sólo se podrá determinar si una actividad es entendida o no en términos de sus reglas sometiendo al alumno a una situación de test. En los casos del rugby (A) y del baloncesto (B) respectivamente, por ejemplo, es posible formular las siguientes preguntas:

(A) (I) En el lanzamiento tras una "touch" por parte del equipo *A* la pelota va directamente a su propio lado ¿Por qué regla corresponde ahora jugar al equipo *B?*

(II) Describir dos movimientos de penalización que podrían utilizarse en o cerca de la línea de 22 del equipo adversario.

(B) (I) ¿Cuántos toques se permiten a cada jugador al principio de un partido?

(II) Mencionar dos tipos de tiros que se empleen y describir uno de éstos.

Objetivos empíricos

Si los objetivos conceptuales se interesan por ayudar al alumno a comprender mejor cómo es una actividad y el modo en que se relacionan entre sí las reglas que la gobiernan, los objetivos empíricos se dedican más a ayudar al alumno a reunir e interpretar los hechos sobre actividades físicas y en la actividad física. Aunque en beneficio de la exposición, se mantengan separados el objetivo conceptual y el empírico se apreciará que existe una clara relación entre ambos. En muchas formas del estudio del movimiento, lo empírico depende de lo conceptual. A menos, por ejemplo, que sepamos qué es el lanzamiento de peso en atletismo y qué reglas gobiernan y caracterizan esa actividad, no será posible investigarla empíricamente. A menos que conozcamos primero con claridad las reglas y lo que está permitido y prohibido, resultará difícil establecer los parámetros en que ha de realizarse la investigación. Si su objeto consiste en mejorar el rendimiento, entonces el contexto de la actividad y de lo que puede y no puede hacerse dentro de ese contexto debe comprenderse claramente puesto que, de otra manera, resultaría quizá inútil lo aprendido o descubierto.

Apreciése que, para que se cumplan los objetivos empíricos, es también necesario haber captado el método científico. En el nivel escolar no se precisan técnicas oscuras ni complejas, pero se exigirá una comprensión del modo de buscar respuestas a ciertos tipos de preguntas que se suscitan en el movimiento y que pueden enfocarse del mejor modo por procedimientos como la formación de hipótesis, la realización de un experimento, la toma de observaciones y la anotación de mediciones. Aprender dichos procedimientos pensando en investigar, por ejemplo, a través de la aplicación de principios biomecánicos, el modo óptimo de lanzar la jabalina no es más que un ejemplo de lo que se entiende por objetivo empírico. Otras formas de objetivos empíricos pueden relacionarse con la investigación de factores como la fuerza, la resistencia, la flexibilidad y el equilibrio en relación con tareas o actividades específicas, o con la recogida de datos sobre actitudes respecto a cuestiones como el patrocinio comercial o el *apartheid* en el deporte. Aunque en la preparación de los profesores se abordan estos enfoques de exploración "acerca" del movimiento, poco es lo que en la actualidad se realiza con los alumnos de las escuelas. Con una planificación y la colaboración de centros superiores de las correspondientes áreas docentes, no existe razón para que este elemento de la educación del movimiento no constituya una secuencia de aportación al *curriculum* del movimiento así como a su valoración.

Objetivos informativos

Al margen de los objetivos conceptuales y empíricos, ambos relacionados con el conocimiento y la comprensión, existe una tercera serie de objetivos, parasitarios de los otros dos y a los que, en términos amplios, me referiré como objetivos informativos.

Estos objetivos no están muy relacionados con *lo que* significan o son las diferentes actividades del movimiento; ni tampoco con *el modo* de investigar científicamente la idea de mejorar el rendimiento o de relacionar la comprensión sobre ellos. Más bien se ocupan de la promoción de lo que podría denominarse "conocimiento general del movimiento" que interesa y se emplea. Si el *curriculum* ha de reflejar lo que se juzga valioso en la cultura de una sociedad, entonces no cabe dudar de que, incluso en una sociedad multicultural, las actividades del movimiento son altamente valoradas. Pese a esto, y como señaló THOMPSON hace algunos años (1980, págs. 136-141), *el estudio* de las actividades del movimiento en muchas escuelas, a diferencia de su práctica, no encuentra, prácticamente lugar en el *curriculum.* Aunque quizá en algunas ya no ocurra así, la verdadera razón de tal situación puede deberse al trabajo efectuado por R. S. PETERS (1966, págs. 144-166) sobre "actividades valiosas" en donde, como se indicó antes, asoció el *curriculum* "serio" con actividades "intelectuales" más que con las "prácticas". Sea como fuere, la realidad es que el estudio de dichas categorías de actividades físicas como la danza y el deporte resulta valioso incluso en los términos de PETERS, en cuanto que pueden ser estudiadas "seriamente" por los investigadores, ya se trate de historiadores, antropólogos, sociólogos, psicólogos, fisiólogos, filósofos morales o especialistas en estética. Está claro, por ejemplo, que el crecimiento y el desarrollo de la danza puede tener un interés histórico, sociológico y moral, del mismo modo que el estudio biomecánico y fisiológico del deporte puede ser de interés científico. Pese a este desinterés por el estudio del movimiento durante un pasado reciente, los signos actuales indican una rectificación. Por ejemplo, muchos de los compendios de "educación física" y "danza" aprobados en fechas próximas por diferentes grupos examinadores responsables de las pruebas del nuevo *General Certificate of Secondary Education* (Certificado General de Educación Secundaria) poseen elementos que pueden ser tanto estudiados como puestos en práctica.

La cuestión es que, como fenómenos sociales y culturales, tanto el deporte como la danza, son probablemente más importantes ahora que nunca en su calidad de porción del entramado de la sociedad occidental. Si ha de tener significación alguna el *curriculum* como selección de la cultura, parece razonable que una parte del *curriculum* del movimiento se interese por la dotación de información *respecto* del movimiento.

Podrían abordarse temas como los siguientes:

1 El desarrollo del deporte en Gran Bretaña a partir de 1800
2 El deporte profesional en la sociedad contemporánea
3 La dotación recreativa local
4 Empleo eficaz del cuerpo, por ejemplo, al llevar y alzar objetos
5 Los efectos del ejercicio
6 Métodos de entrenamiento
7 Deporte y política
8 Los Juegos Olímpicos
9 La Copa del Mundo
10 Danza moderna del siglo XX

Cada uno de los temas citados podría y debería situarse en un marco coherente de estudio, así como tener sus propios objetivos que lo distingan. Al final de cada unidad de aprendizaje podrían formularse preguntas como las siguientes:

El desarrollo del deporte en Gran Bretaña a partir de 1800

(I) Cita *tres* grandes deportes británicos que procedan de las escuelas privadas y de las universidades.
(II) ¿Qué *dos* entidades distintas gobernaron el fútbol durante el pasado siglo?
(III) ¿Por qué se juega en Gran Bretaña dos formas de *rugby?*
(IV) ¿Qué medidas se adoptaron durante los últimos años para contribuir a salvar el *cricket* de primera clase?
(V) Cita *dos* grandes acontecimientos deportivos celebrados en Gran Bretaña cada año y abiertos tanto a aficionados como a profesionales.

Métodos de entrenamiento

(I) ¿Qué principio debería caracterizar a todos los programas de entrenamiento?

(II) ¿Qué es una "contracción isométrica"?
(III) ¿Qué es un entrenamiento "fartlek"?
(IV) ¿Qué ventajas presenta el "entrenamiento en circuito" sobre otros?

Al margen de las preguntas sobre áreas discretas de estudio como las aquí formuladas sería también posible comprobar, mediante el empleo de un test de elecciones múltiples, cuál ha sido la *información general* transmitida.

Podrían considerarse preguntas como las siguientes:

1 ¿Con qué pueblo inglés se relaciona la historia primitiva del *cricket?*
A Nonington
B Hambledon
C Moreton-in-Marsh
D Castle Howard
E Shelford

2 ¿A cuál de las siguientes personas se considera el padre de los Juegos Olímpicos modernos?
A Lord Burghley
B Avery Brundage
C Barón Pierre de Coubertin
D Príncipe Felipe
E Barón de Rothschild

3 ¿Con cuál de los siguientes ballets asocias al coreógrafo Kurt Jooss?
A El Pájaro de Fuego
B Bodas de Sangre
C El Lago de los Cisnes
D Las Sílfides
E La Mesa Verde

4 ¿Cuál de las siguientes personas es negra, norteamericana y campeona de Wimbledon?
A Ashley Cooper
B Jimmy Connors
C Evonne Goolagong
D Arthur Ashe
E Virginia Wade

Objetivos participativos

Como ya se ha indicado, aunque es perfectamente posible poseer una comprensión conceptual de una actividad sin tener necesariamente el grado de competencia precisa para participar en ella, resultaría absurdo decir de alguien que realiza una actividad que "sabe cómo" participar, pero no tiene idea de lo que está haciendo. Como hemos visto antes, el conocimiento práctico de una actividad supone poseer una comprensión clara de lo que hay que hacer y de cómo proceder. La participación eficaz en un juego como el *rugby* exige no sólo una clara comprensión de las reglas que lo rigen sino también ser capaz de demostrar una competencia práctica dentro de sus parámetros. La dimensión del *curriculum* "en el" movimiento se interesa fundamentalmente por lograr que los alumnos sean capaces de participar con eficacia en una gama de actividades seleccionadas.

Hablando en términos generales, puede decirse que el propósito de la dimensión "en el" *curriculum* del movimiento es iniciar a los alumnos en una selección equilibrada de las actividades físicas de su cultura para que puedan participar satisfactoriamente en ellas de un modo inteligente y con conocimiento. Como los própositos en sí mismos carecen de una especificidad para proporcionar orientaciones claras a los planificadores del *curriculum,* se hacen necesarios unos objetivos como formulaciones más detalladas de los propósitos. Adviértase que en buena medida, una vez decidido un equilibrio justificable entre las actividades, la materia de los objetivos se convierte en cuestión de expresar lo que debe enseñarse en relación con un número dado de actividades si el alumno está capacitado para participar con éxito en ellas. Lo importante aquí es que los objetivos de una determinada actividad deben relacionarse lógicamente con *su* naturaleza y *su* finalidad. Como cada actividad posee su propio carácter estructural (y se halla identificada por eso con él), tendrá también sus propios objetivos característicos. En otras palabras, los objetivos de una determinada actividad son parte intrínseca de su constitución y su finalidad (véase Figura 1). De aquí se deduce que cuando uno se refiere a los objetivos del *curriculum* del movimiento "en el" está refiriendose y tratando de fijar, enseñar y conseguir que los alumnos aprendan aquellos rasgos y propiedades específicas de las actividades que se han seleccionado y justificado como integrantes del *curriculum* de una determinada escuela. Se advertirá que las actividades seleccionadas de un *curriculum son* su contenido y que los objetivos participativos proceden lógicamente de éstas. Por eso es un error mantener o asumir, como indican algunos modelos de *curriculum*[9], que la selección de los objetivos es previa a la selección de las actividades. Proceder así es dar a entender que el contenido (o actividades seleccionadas) no constituye más que un medio de lograr unos objetivos previamente especificados que, de alguna manera, sólo están relacionados casualmente con la constitución, naturaleza y finalidad de las propias actividades. Significa suponer, por ejemplo, que en una actividad seleccionada como el fútbol, el juego está subordinado al aprendizaje de sus destrezas constituyentes. Por expresarlo de otra manera, es sostener que los elementos constituyentes de un juego son más importantes que el propio juego. Este enfoque del "objetivo *antes del* contenido "de la planificación del *curriculum* posee el efecto de convertir a una actividad como el fútbol tan sólo en un medio para el servicio y la promoción de sus componentes. Por eso no es posible aceptar semejante concepción de la planificación racional del *curriculum,* puesto que confunde el "todo" con sus "partes"[10].

Tras haber formulado algunas generalidades sobre el modo en que los objetivos del *curriculum* práctico del movimiento están relacionados lógicamente con la naturaleza individual de cada actividad seleccionada, quiero mostrar ahora que, precisamente por eso, es posible hablar de tres tipos diferentes pero relacionados de objetivos del movimiento "en el".

Objetivos de las destrezas previas

Los objetivos de las destrezas previas al movimiento son aquellas formas constituyentes de conducta adecuada a las que normalmente se considera como condiciones necesarias para tomar parte con éxito en una actividad. En el fútbol, por ejemplo, no tendría mucho éxito una persona incapaz, o muy torpe, en recoger el balón, en chutar, regatear y en el pase. Difícilmente

[9] El modelo lineal originario de Tyler (1971), por ejemplo, describe los objetivos como precediendo al contenido. Se desarrollaría así: objetivos ... contenido ... organización ... evaluación.

[10] Para una aclaración posterior de esta cuestión, en especial respecto a las artes, véase Stenhouse (1970–71, págs. 73-83).
Consúltese también la unidad E. 283 de la Open University (1972), págs. 96-103).

también podría decirse de una persona que "sabe cómo" jugar al tenis si fuese incapaz de lanzar un *drive* o un revés, de servir y volear. Destrezas como éstas, que a veces se denominan "básicas", resultan tanto fundamentales como características de una actividad. Son parte inherente de su constitución e identidad. En un sentido importante las necesitará una persona para participar eficazmente en una actividad. Aplico el término de objetivos de destrezas previas a su enseñanza planificada y sistemática.

Si se examinan los objetivos de las destrezas previas en relación con el baloncesto, se advertirá que el manejo del balón, el regateo, el juego de los pies y los tiros a la canasta son aspectos del juego que pueden dividirse en unidades, las cuales se prestan a su vez a la formulación específica de objetivos. En el baloncesto, un objetivo de destreza previa alude a una forma particular de logro de rendimiento que se relaciona con la participación en el juego y que está sometida a comprobaciones conforme a unos criterios. Para conseguir, por ejemplo, que un alumno ejecute eficazmente una "bandeja", es necesario:

a) formular exactamente cuál es el objetivo,
b) describir (y demostrar) cómo ha de lograrse,
c) proporcionar ejercicios de práctica supervisados,
d) comprobar los resultados (por ejemplo, número de intentos que tuvieron éxito por cada diez de los realizados, etc.),
e) emplear la información obtenida, si sirve de ayuda, como guía para modificar posteriores ejercicios de práctica.

En común con los que a veces se denominan "objetivos preespecificados", los objetivos de destrezas previas se consideran primeramente interesados por una forma particular o específica de logro. En segundo lugar se les ve como comportamentales o conductistas y relacionados con la constitución y finalidad de la actividad de la que forman parte. En tercer lugar, pueden ser medidos, o al menos son susceptibles de un análisis cuantificable, puesto que los objetivos de las destrezas previas son formas específicas de logro ejercitativo. Se advertirá que al formular un objetivo previo es preciso poder señalar sin ambigüedad lo que es el objetivo. Como observa MAGER (1962, pág. 16): "La formulación de un objetivo es útil en el grado en que especifica lo que el que aprende debe ser capaz de HACER o REALIZAR cuando esté demostrando el dominio del objetivo". Y por su parte POPHAM (1969) señala que: "Un objetivo ... satisfactorio debe describir una *conducta* observable del que aprende o un producto que sea consecuencia de la conducta del que aprende"[11].

En general, los objetivos de las destrezas previas en el movimiento han de considerarse útiles en el desarrollo y la adquisición de destrezas específicas necesarias para una determinada actividad y que pueden practicarse como unidades dentro de un todo más amplio. Hay que observar que los objetivos de las destrezas previas no deben estimarse como fines o, por decirlo así, como puntos terminales, sino como componentes relacionados que resultan necesarios para participar eficazmente en una gama de actividades seleccionadas. Lo que debería quedar claro es que, aunque la adquisición de destrezas básicas pueda ser necesaria para una participación eficaz, éstas no son suficientes en modo alguno.

Objetivos contextuales

Los objetivos contextuales no tienen tanto que ver con la adquisición aislada de destrezas básicas como con su empleo inteligente en un determinado contexto. Resultan mucho más complejos que los objetivos previos en cuanto que no pueden ser tan fácilmente preespecificados, practicados, medidos y evaluados. En un juego existe a menudo, por ejemplo, un elemento imprevisible o inesperado. El rendimiento no puede por eso ser programado de antemano. Lo que se requiere no es una reacción rutinaria o habitual sino perspicaz e inteligente. Aun así, y hasta cierto punto, es posible imaginar y practicar situaciones "vivas" de modo que, en el verdadero juego, puedan advertirse más fácilmente. Vistos de esta manera, es posible concebir los objetivos contextuales como diversas formas de capacidad adecuada que, en cierto grado, permiten una planificación y una discriminación en términos de movimientos, tácticas, cometidos y estrategias, todo lo cual presupone un dominio de las destrezas previas. Es posible su enseñanza sobre la base de "dada *esta* situación, *estas* respuestas resultan a menudo apropiadas". En el

[11] Debe aclararse que, aunque cito con autorización las dos declaraciones en este contexto, no apoyo en general la teoría conductista sobre la que se basa el "enfoque" de la educación de los objetivos de la conducta. Resulta demasiado estricta y limitada para su aplicación a programas educativos. En particular se le ha criticado por ser reduccionista, mecanicista e inapropiada para algunas formas de aprendizaje.

Para un debate general en el empleo de objetivos en la planificación del *curriculum,* véase Davies (1976).

Para un análisis general sobre el empleo de los objetivos de la conducta en la educación, véase Bull (1985).

tenis, por ejemplo, es posible practicar la situación en que el adversario sube a la red y ver la oportunidad de:

a) un "passing shot"
b) un revés cruzado
c) un "globo" sobre su cabeza

"Situaciones" como éstas ocurren en todos los deportes y, dentro de ciertos límites, pueden ser planificadas y practicadas. La competencia se mide en términos de la capacidad de ejecutarlas en las circunstancias apropiadas y en el momento oportuno.

Cuando se conciben los objetivos contextuales como "resultados pretendidos del aprendizaje" en la forma de capacidades contextuales que se ejercitan con entendimiento y discriminación, han de verse como casos particulares de razonamiento práctico y como ejemplificaciones de una educación "en el" movimiento.

OLDFIELD (1959) reconoce claramente la relación entre destrezas previas y contextuales cuando observa que lo que se aprende al jugar al tenis no es una serie de tiros sino el modo de ejecutar los que son apropiados en su momento.

Lo que importa en una destreza como capacidad contextual no está sometido a rutina o a una preespecificación de un modo estricto, habitual y previsible sino que es una forma de "saber cómo". Mientras que el aprendizaje de destrezas básicas como objetivos previos puede exigir, en cierto grado, una conformidad habitual a una secuencia estándar prescrita, el desarrollo de destrezas como capacidades contextuales adquiridas se caracteriza por una respuesta inteligente en el contexto del despliegue y de la dinámica viva de la actividad. A diferencia de las un tanto habituadas rutinas de aprendizaje en la adquisición de una destreza básica, las destrezas contextuales, como ejemplificaciones del "saber cómo", se caracterizan por un despliegue de la respuesta apropiada a una situación cuando ésta se presenta. En el contexto de un juego, al participante hábil se le reconoce por su capacidad para adaptarse y acomodarse y para hacer lo oportuno en el momento preciso.

Adviértase que los objetivos contextuales son de un orden superior al de los objetivos previos. Mientras que estos últimos se interesan por la adquisición de una destreza básica como condición previa del aprendizaje de actividades específicas, los primeros se ocupan del desarrollo de la norma y de la calidad de la intervención en términos de una comprensión y un dominio contextuales de la destreza. De hecho puede verse al dominio de una destreza como una capacidad contextual para intervenir competente e inteligentemente en medio de circunstancias cambiantes.

Objetivos expresivos

Los objetivos expresivos difieren de los previos y de los contextuales en que, si bien tienen mucho en común con ellos en cuanto que han de ser aprendidas destrezas y técnicas, se interesan de un modo mucho más directo por la capacidad de una persona para mostrarse expresiva de un talante, situación o idea, así como por su capacidad para innovar y ser imaginativa y creativa. Está claro que actividades del "movimiento" como la danza y el mimo exigen y proporcionan a la vez por su propia naturaleza, más alcance para la realización de objetivos expresivos que actividades más obviamente formalizadas y sometidas a reglas como el fútbol y el *hockey*.

Debería aclararse que cuando se emplea el término "objetivo expresivo" no se trata de intentar que los niños den "rienda suelta" a sus sentimientos, como ocurre, por ejemplo, en una forma espontánea cuando "saltan de alegría", "tiemblan de miedo", o "sollozan de desilución". Tales casos de autoexpresión pueden considerarse más como forma de escape emocional. En contraste, lo que busca el objetivo expresivo en el contexto de la educación no es un "vómito" incontrolado de sentimiento, como lo llamó DEWEY (1958, págs. 61-62) sino un "proceso elaborador" meditado e inteligente en relación con una determinada tarea. Como ya se ha indicado, en cuanto que este proceso elaborador es "creativo", resulta pedagógicamente recomendable considerarlo, en términos de la biografía de un alumno más que en función de su singularidad cultural. Sí, como otros objetivos, ha de ser valorado el expresivo en términos de sus resultados, resulta infinitamente más imparcial considerar lo que se ha producido, mejor que intentar tener en cuenta los procesos y experiencias psicológicos correspondientes a esa producción, por importante que puedan ser. Como ya se ha dicho en numerosas ocasiones: "Un proceso interno requiere unos criterios externos"[12]. Esta observación es particularmente pertinente para aquellos profesores que se interesan por el mejor

[12] Véase, por ejemplo, Wittgenstein (1953, pág. 153).

modo de evaluar los resultados de los objetivos expresivos, en especial quizá cuando abarcan tareas que corresponden tanto a la estética como a lo creativo. El resultado de un objetivo expresivo sólo puede evaluarse adecuadamente sobre la base de unos criterios públicamente establecidos. La cuestión aquí es que, aunque sea posible formular de un modo vago un objetivo expresivo como "estimular, animar y desarrollar el pensamiento y la acción creativos", en términos generales sólo comenzará a cobrar sentido cuando se le vea en el contexto de una actividad, como la danza, en la que pueda percibirse en términos de criterios como el planteamiento de un problema infrecuente, una solución inesperada, un empleo imaginativo del movimiento o una forma específica, y no de cliché, de comunicación.

Adviértase que, si bien los objetivos expresivos planteados en el movimiento surgirán de un determinado contexto (por ejemplo, la gimnasia o la danza) y tendrán (o deberían tener) criterios desarrollados que se relacionen intrínsecamente con ese contexto, sólo pueden evaluarse en forma retrospectiva sobre la base de lo realizado, puesto que el resultado no está preconcebido ni preespecificado. Y esto es así porque la naturaleza de un objetivo expresivo "es más evocativa que prescriptiva" (EISNER, 1975, pág. 353).

EISNER *(ibid.,* pág. 352) se refiere al objetivo expresivo como "encuentro educativo". Explica:

> El objetivo expresivo está concebido para servir como tema en torno al cual podrán situarse las destrezas y los conocimientos antes aprendidos pero a través de él se ampliarán, se volverán más complejos y se harán idiosincrásicos esas destrezas y esos conocimientos. Lo que se desea con un objetivo expresivo no es una homogeneidad de respuestas entre los estudiantes sino una diversidad. En el contexto expresivo, el profesor espera proporcionar una situación en donde los significados se vuelvan personalizados y en la que los niños logren productos, tanto teóricos como cualitativos, que sean tan diversos como ellos mismos.

Finalmente, EISNER *(ibid.)* observa:

> En el contexto expresivo es probable que el producto sea una sorpresa tanto para el realizador como para el profesor que lo encuentra.

Y para que no se piense que los objetivos expresivos son sólo aplicables a situaciones "abiertas", hay que señalar que también tienen aplicación en las relativamente "cerradas" y estructuradas. Puede que no parezca posible, por ejemplo, que uno o varios alumnos se muestren muy "expresivos" cuando han de limitarse a operar con dos paralelas. Sin embargo, al tratar temas como simetría y asimetría y recurrir a una gama de destrezas dominadas en forma de círculos ascendentes y descendentes, sobre y a través de columpios, formas estrelladas, hojas caídas, etc., es posible componer secuencias que demuestren no sólo una comprensión del concepto implícito, sino ideas y movimientos innovadores así como una sensibilidad estética, todos los cuales proporcionan una sensación de exploración, logro y satisfacción.

Citamos a continuación ejemplos de objetivos expresivos en el movimiento:

1 determinar y realizar una nueva secuencia de movimiento sobre dos esterillas, recurriendo a las destrezas hasta entonces aprendidas y demostrando un buen conocimiento de factores como espacio, peso, tiempo y fluidez (uno, dos o tres alumnos);
2 representar en mimo la situación de una reunión inesperada pero feliz (dos alumnos);
3 crear una secuencia nueva pero armoniosa en natación sincronizada y en la que intervengan cuatro compañeros;
4 bailar al son de la música que el propio intérprete haya elegido (ejercicio para uno solo).

Es preciso hacer dos puntualizaciones respecto a los objetivos expresivos "en el" movimiento. La primera es que, de un modo predominante, si no exclusivo, surgen de aquellas formas de actividad que se interesan intrínsecamente por la promoción de tales valores y cualidades. Mientras en un sentido todas las actividades del movimiento permiten a la persona automanifestarse sólo algunas exigen, lógicamente, que el agente sea expresivo. Desde el punto de vista estético. El mimo y la danza como formas de arte figuran claramente entre éstas, como ocurre en menor grado con actividades como la natación sincronizada y algunas formas de gimnasia y patinaje sobre hielo. La segunda puntualización es que, como un objetivo expresivo pide un cierto grado de "apertura" y de libertad, no debe pensarse que el desarrollo de las destrezas y de las técnicas apropiadas sea en algún aspecto incompatible con aquellas. Desde luego, como ha señalado BEST

(1979, pág. 217), "la enseñanza de las técnicas, lejos de inhibir o de tergiversar la libertad de pensamiento y de desarrollo individual, es el único medio de hacerla posible".

Resumen de los objetivos educativos

A la luz de cuanto se ha dicho, los objetivos del elemento "educativo" del *curriculum* del movimiento pueden formularse del siguiente modo:

No participativos

1 Proporcionan un conocimiento y un entendimiento de un número seleccionado de actividades físicas;
2 promueven la capacidad y la confianza para realizar investigaciones empíricas en pequeña escala en uno o más aspectos de los estudios del movimiento humano;
3 desarrollan una conciencia y apreciación del puesto del movimiento en sus diversas formas en la cultura.

Participativos

4 ejercitan y analizan destrezas a partir de una selección equilibrada de actividades;
5 aplican eficazmente y con entendimiento estas destrezas en el contexto;
6 proporcionan oportunidades para la composición creativa, la acción expresiva y la valoración estética, particularmente en relación con actividades como la danza y el mimo.

CAPITULO X

Evaluación del *curriculum* y el rol del profesor

Se ha señalado que una parte de la planificación racional del *curriculum* supone evaluación y que el rol del profesor en ésta es de una gran relevancia. La eficacia de cualquier programa planificado del *curriculum* radica ampliamente en el grado en que los objetivos formulados resulten apropiados y realizables por cada uno de los niños, tanto si se enseña individualmente como en grupos. Lo que ahora quiero indicar es que el nivel de eficacia sólo puede determinarse si cuanto se hace y se consigue, en términos de resultados del aprendizaje, es supervisado y valorado de alguna forma. El término para este proceso es evaluación y no debería considerarse como una actividad separada de la docencia, sino como parte necesaria e intrínseca de ésta. En otras palabras, la evaluación tendría que ser concebida como una parte integrante de la práctica profesional que es consecuente con la autonomía, la seriedad y la responsabilidad. La evaluación y la justificación no deben considerarse (o ser vistas únicamente) como unas respuestas a corto plazo a las presiones de los alumnos, de los padres, de la administración o de carácter político.

¿Cuál es entonces la posición del movimiento respecto a la evaluación del *curriculum?* Yo diría que, pese al interés y actividad considerables de los últimos años por "valorar" y "evaluar" los programas de "educación física" en las escuelas, continúan siendo aplicables las dos siguientes críticas generales:

1 Que existe todavía una confusión conceptual sobre el modo de emplear el término de movimiento (y/o educación física) y que, como resultado, no se diferencia entre *(a)* aquellos objetivos que proceden de un estudio del movimiento o de su práctica (no participativos y participativos respectivamente) que son "educativos" por su naturaleza y *(b)* aquellos objetivos que son extrínsecamente dirigidos, como la salud o la socialización, que si bien interesan al *curriculum* del movimiento, puede considerárseles más como objetivos de la "escolarización" que de la educación[1].

2 Que existe una visión simplista sobre lo que supone la evaluación. Esta se manifiesta de dos modos principales:
   (I) la tendencia a pensar que la respuesta a los problemas de la evaluación radica sólo en adoptar un enfoque científico y en la posibilidad de "medición";
   (II) la tendencia a consagrarse a un método de enfoque (por ejemplo, el modelo de los objetivos de la conducta), descuidando el uso apropiado de otros.

Seguramente ya se ha dicho bastante respecto a la primera de estas críticas generales[2]. Lo que aquí importa es que los objetivos educativos del *curriculum* del movimiento participativo proceden de la naturaleza distintiva de todas y cada una de las diferentes actividades seleccionadas. En otras palabras, cada actividad que forma una parte de la dimensión participativa del *curriculum* posee sus propios objetivos. Es posible que existan rasgos comunes y semejanzas entre una actividad y otra pero, si han de permanecer fieles a sí mismas, deben ser vistas y entendidas en términos de su propio "idioma". Como ha señalado OAKESHOTT (1962) desde hace tiempo, toda acción tiene lugar dentro de un contexto específico y de una serie de condiciones. Si deben justificarse en términos educativos, las actividades tienen que ser consideradas valiosas en sí mismas y no en términos de finalidades extrínsecas, por deseables que resulten. Por eso, la planificación racional (y la evaluación) del *curriculum* del movimiento

---

[1] Esto está bien documentado en la revisión de los objetivos del profesor efectuada por Kane (1974). Véase Capítulo Primero.

Esta falta de diferenciación entre los objetivos de la "educación" y los de la "escolarización" resulta también evidente en cierto número de compendios de "educación física" aprobados recientemente para el nuevo ***General Certificate of Secondary Education*** (Certificado General de la Educación Secundaria).

[2] Véase el Capítulo VIII.

debe tomar adecuadamente en consideración el modo en que procede o debería proceder característicamente cada actividad seleccionada y todo lo que eso supone.

En cuanto a la segunda crítica, se reconoce ahora, de modo más general, tanto respecto al movimiento como con cualquier otra materia escolar, que la evaluación supone mucho más que la simple medición o utilización de unos objetivos pre-especificados de la conducta como base de una estimación[3]. Desde luego, ambas tendencias pueden considerarse como un intento de reducir la educación a una actividad científica. Las categorías de la conducta de lo cognitivo, lo afectivo y lo psicomotor, que a menudo se invocan como un enfoque de la valoración en el movimiento, resultan tan insostenibles en la práctica como en la teoría. Resumiendo son insostenibles en teoría porque se basan en una visión inadecuada del conocimiento. Es decir, en lugar de ver el conocimiento como algo interesado por un entendimiento y una práctica de cometidos y actividades específicos, representan una tentativa mecanicista de describirlos como una serie de elementos clasificados de logro de la conducta que, aunque puedan prestarse por sí mismos a una medición, se hallan en peligro de quedar aislados o insensibles a las complejidades contextuales de una determinada situación. El corolario de esto es que los objetivos formulados tienden a considerarse no tanto como medios sino como fines. En el grado en que estos puntos se relacionan con el movimiento, se apreciará que cualquier actividad es más que las partes en que puede ser analizada. Del mismo modo que una casa es algo más que los materiales con los que fue construida, así un juego como el *rugby,* por ejemplo, es algo más que una relación de esquemas de conducta. En cualquier caso las categorías resultan insostenibles en la práctica, en parte porque no todas las actividades se hallan predispuestas a una división en segmentos artificiales y un tanto arbitrariamente impuestos, y en parte porque, como se ha señalado, no todos los objetivos del aprendizaje pueden ser pre-especificados (por ejemplo, los objetivos expresivos), incluso en principio, porque eso negaría lo que una determinada actividad (por ejemplo, la danza creativa) demanda intrínsecamente. Una dificultad pos-

[3] Para críticas más pormenorizadas del enfoque de los objetivos de la conducta para el aprendizaje y la evaluación, véanse Stenhouse (1978, págs. 70-83), Sockett (1976, págs. 44-51), Kelly (1982, págs. 99-108), Hirst (1974, págs. 16-29) y White (1971, págs. 109-112).

terior para la evaluación del *curriculum* en general mediante los objetivos de la conducta es que no siempre está claro si el término "conducta" *consiste en* lo que los alumnos hacen o si se emplea como un *criterio* de que se realiza algo con una apreciación adecuada de lo que supone.

Como observa HIRST (1974) "nunca deben confundirse los estados mentales con los datos que les corresponden" (pág. 21). Esto se aplica tanto a las actividades "físicas" como a las "académicas". Lo que parece ser una acción apropiada en una actividad del movimiento no es necesariamente la "entendida" o "sentida". Un buen mimo, por ejemplo, quizá no aporte sólo espontaneidad a lo que haga sino que se mueva con sentimiento y comprensión en el desempeño de su arte. Lo que resulta de importancia para los fines de la evaluación es la totalidad de lo que se expresa artísticamente y no sus partes pre-específicas conforme a una hipótesis y según una conducta. Ver un mimo o una danza sólo como un medio de lograr cierto número de resultados pre-especificados de aprendizaje no sólo es poner el carro delante de los bueyes sino reducir el valor intrínseco de una actividad a una forma de instrumentalidad. En resumen, lo que se afirma es que no todos los objetivos del *curriculum* del movimiento pueden ser pre-especificados y que tampoco es posible separarlos en categorías discretas y significativamente estimadas de un modo independiente unas de otras. Por eso, cualquier tentativa de introducir un enfoque de los objetivos de la conducta en la evaluación del movimiento debería ser críticamente examinada porque, al final del día, puede resultar tergiversadora, deshumanizadora y reduccionista. En suma, puede ser antieducativa.

Tal vez se haya dicho lo suficiente para poder afirmar que:

> La evaluación es un proceso muy complejo que se interesa por responder a preguntas de diversos tipos. Algunas son de tal naturaleza que el empirismo no puede proporcionar una base apropiada para una respuesta. Es posible, por ejemplo, que una evaluación incluya algún debate sobre la naturaleza y el valor de los propósitos de desarrollo. Semejante cuestión debería ser racional, bien informada y conceptualmente coherente, pero es difícil hallar respuesta a preguntas de este género mediante indagaciones empíricas (WILLIAMS, 1981, pág. 71).

A la luz de estos comentarios generales y de la considerable extrañeza que aún suscita en los textos el movimiento en relación con la evaluación del *curriculum* —lo que significa, cuáles son sus fines, qué forma puede adoptar y qué sugerencias prácticas pueden formularse en beneficio del profesor— propongo exponer seguidamente algo sobre cada una de estas cuestiones.

El significado de la evaluación y los términos relacionados

Evaluación no es un término de estimación que tenga que ver con la determinación del valor de alguna cosa. La evaluación del *curriculum* presupone un profundo conocimiento de los conceptos de "escolarización" y "educación" porque, como ya se ha mostrado, sus propósitos y objetivos no son necesariamente los mismos. En cuanto que la evaluación se relaciona con esa parte del *curriculum* que se interesa por la educación, tiene necesariamente que ver con estimar su eficacia en términos de los valores que este término abarca. Si, como se ha afirmado, la educación ha de entenderse como una iniciación en aquellos empeños valiosos por sí mismos de un tipo "académico" y "físico" y de un modo moralmente defendible, se advertirá que la evaluación supone hacer juicios no sólo en relación con el carácter apropiado de *lo que* se imparte sino también sobre la *manera* en que es enseñado. Así la evaluación en educación, siquiera en su nivel más básico, se interesa, o debería interesarse, por la tarea de averiguar si el contenido y los métodos de la enseñanza son satisfactorios o no lo son y, en este último caso, en descubrir por qué es así, pensando en efectuar cambios con objeto de mejorarla. Lo que importa destacar es que la evaluación, como ponen en claro STRAUGHAN y WRIGLEY (1980, pág. 9) está aliada a la cuestión de los valores y esto tiene un propósito. En un último análisis, la evaluación es un juicio de valor de cuanto sucede o ha sucedido y de lo que, si es necesario, debe hacerse.

Lo que parece evidente es que evaluación es un término más amplio que valoración o medición. Mientras que la *valoración* se interesa esencialmente por el desarrollo y perfeccionamiento de técnicas (tests y exámenes, etc.) para la recogida y dotación de datos apropiados sobre los que puedan formularse juicios, la *medición* se centra, sobre todo, en la presentación de esos datos en forma cuantificable. En otras palabras, la medición, puede considerarse como un enfoque de la valoración que característicamente expresa sus resultados en términos de números. Debe recalcarse que la medición no resulta apropiada a todos los aspectos del *curriculum* del movimiento, aunque pueda ser adecuada para algunos. Sería estúpido, por ejemplo, tratar de medir el valor de una danza. Aunque la medición supone cuantificación y objetividad, no debe considerarse, como hacen algunos especialistas en ciencias sociales, que es necesario medir algo para mostrarse objetivo al respecto. Como han señalado BEST (1980) y otros, es posible ser objetivo en las artes no menos que en las ciencias. La cuestión es que resulta reduccionista entender la "objetividad" sólo en términos empíricos y asimilables a la ciencia.

No menos que otras materias del *curriculum,* el movimiento requiere ser protegido de la errónea creencia de que es posible reducir las complejas acciones y actividades humanas o evaluar sólo con referencia a "número de intervenciones y respuestas de tests"[4]. Ha de recordarse que la medición es sierva y no ama de cualquier tentativa de evaluar programas educativos.

Para que la evaluación ayude al *curriculum* del movimiento y a sus evoluciones ha de ser considerada como un proceso que hace uso de técnicas de valoración fiables y válidas que proporcionen una información tanto *cualitativa* como *cuantitativa* respecto a un proceso o un producto que el profesor en ejercicio considere útil. En suma, el profesor de actividades del movimiento que es eficaz necesita desarrollar toda una gama de destrezas evaluativas que van desde formas de medición a aspectos más complejos de observación y procedimientos ilustrativos[5].

En su intento por proporcionar un marco conceptual a la evaluación, SOCKETT (1979, pág. 9) identifica cuatro rasgos centrales. Resultan, en mi opinión, especialmente pertinentes con lo que hasta ahora se ha afirmado sobre la naturaleza de las actividades del movimiento, cuáles deberían ser sus objetivos y cómo enfocarlos mejor en términos de evaluación. Son los siguientes:

(I) la evaluación es una estimación en la que hacemos juicios;
(II) tales juicios son formulados a la luz de unos criterios;

[4] Veáse Holt (1981, pág. 26) para lo que él denomina "racionalismo tecnológico".
[5] Veáse Partlett y Hamilton (1975, pág. 88). La preocupación fundamental de la evaluación ilustrativa se centra en la descripción y la interpretación más que en la medición y en la predicción.

(III) los criterios proceden de y resultan adecuados a unos contextos particulares;
(IV) dichos contextos encarnan propósitos humanos y por eso las evaluaciones realizadas informan unas decisiones.

Lo que constituye la esencia de esta justificación del significado de la evaluación es que cada actividad sólo puede ser juzgada en términos de lo que es, de su propia estructura lógica interna. En cuanto se refiere a los "objetivos participativos" del movimiento, son lo que son porque cada actividad es lo que es. Lo que se realiza referente a cada actividad se juzga "bueno" o "malo" en términos de sus propios criterios de estos conceptos. El *cricket* se evalúa según los cánones del *cricket,* el *rugby* según los cánones del *rugby.* No existen cánones generales por los que pueda ser juzgado un movimiento como toda una familia de diferentes actividades, porque cada una de ellas se evalúa de acuerdo con su propio carácter distintivo. La evaluación del *curriculum* en el movimiento, en especial sus aspectos educativos, sólo tiene sentido mientras se tome esto en consideración.

El profesor no debería olvidar, al final del día, que el propósito fundamental de la evaluación consiste en facilitar unas decisiones racionales en un intento por mejorar el aprendizaje del alumno.

Los propósitos de la evaluación

Si se acepta que la evaluación se interesa por el proceso de delinear y obtener datos pertinentes para la formulación de juicios y la elección entre alternativas posibles sobre lo que es más conveniente hacer, se plantea una pregunta posterior: "¿Para qué tipos de decisión particular?" CRONBACH (1963) relaciona tres formas principales de consideración:

(I) *Mejora del curso:* decidir qué material y métodos de instrucción resultan satisfactorios y cuáles requieren un cambio.
(II) *Decisiones sobre los individuos:* identificar las necesidades de cada alumno en beneficio de la planificación de su instrucción; juzgar sus méritos respecto a la selección y al agrupamiento; familiarizarle con sus propios progresos y deficiencias.

(III) *Regulación administrativa:* juzgar la calidad del sistema escolar, de cada uno de los profesores, etc.

Tradicionalmente, el profesor de actividades del movimiento se ha interesado por las dos primeras categorías en las que se tiene en cuenta *qué* enseñar y *cómo* enseñarlo mejor. Sin embargo, más recientemente en especial desde que cobró fuerza la noción de responsabilidad[6], la tercera categoría ha crecido en importancia ante el profesor, haciéndole pensar no sólo en lo que hace y en cómo lo hace sino en el *porqué.* Emparejada a la exigencia de responsabilidad, y quizá subyacente, está la cuestión de las cotas y los niveles de logro que cabe esperar, razonablemente, de determinados grupos de niños en diferentes edades y etapas[7]. Lo que se precisa comprender en el presente contexto, como ya se apuntó antes, es que si la evaluación es inteligentemente realizada como una parte de la práctica profesional seria y digna, proporcionará la base racional de lo que es ser responsable[8]. No me propongo aquí realizar nuevas deducciones a partir de este punto sino centrarme en los seis propósitos de la evaluación, cada uno de los cuales presenta un interés inmediato para el profesor en ejercicio y que, a su vez, se relaciona, en forma directa o indirecta, con cada una de las tres categorías previamente relacionadas. Los seis propósitos de la evaluación que pretendo esbozar son: selección de programa; estimación del conocimiento; diagnóstico y orientación; motivación; clasificación y calificación; y eficacia de la enseñanza.

Selección de programa

La cuestión referente a lo que se enseña y por qué se enseña debería ser siempre materia de supervisión y revisión. De otro

6 Véase Sockett (1980, pág. 9).

7 Interesa señalar que la finalidad principal de la *Assessment of Performance Unit* (APU) (Unidad de valoración del Rendimiento), establecida por el *Departament of Education and Science* (DES) (Departamento de Educación y Ciencia) en 1975, consiste en concebir formas de considerar, en términos muy amplios, la eficacia del sistema educativo mediante la supervisión del rendimiento de los alumnos a través del *curriculum* de diferentes etapas. Se plantearon como hipótesis seis dimensiones del desarrollo: matemática, lingüística, científica, estética, física, personal y social. Lamentablemente no se ha logrado ninguna consecuencia práctica en las tres últimas áreas. Para los antecedentes de la Unidad de Estimación del Rendimiento, véase Skilbeck (1984, págs. 124-164).

8 Véase Simons (1981).

modo, lo que se escoja será siempre obra de tradición y ritual[9]. En vez de incluir una lista escueta y apresurada de actividades me limitaré a decir que, en aras del equilibrio, el profesor debería tener en cuenta no sólo las consideraciones subyacentes de la planificación racional del *curriculum* (véase Figura 1, Capítulo IX) sino las diferentes reivindicaciones de grupos de actividades como la gimnasia, los juegos en el campo, los juegos en pista, la danza, la natación, el atletismo y los ejercicios al aire libre. Para su presentación puede ser más útil a la enseñanza y el aprendizaje una forma de planificación vertical u horizontal.

Estimación del conocimiento

Como ya se ha puesto en claro, una vez que ha tenido lugar la selección de actividades, la evaluación se convierte en gran medida en una cuestión de "¿hasta qué punto se han realizado los objetivos surgidos de la estructura intrínseca de aquellas actividades?" Por eso, uno de los propósitos de la evaluación es proporcionar una respuesta a esta pregunta en términos del tipo de conocimiento conseguido. Aquí se aplica la distinción familiar entre "conocer que" y "conocer cómo". El primero se interesa por determinar la medida en que una actividad (o cierto número de actividades) se entiende a través de un conocimiento de sus reglas, técnicas, estrategias, etiqueta, etc. En este tipo de conocimiento se concede importancia a lo que puede decirse o escribirse correctamente respecto a tales materias. El segundo se interesa por precisar si tales comprensiones se aplican con éxito en la práctica en términos del ejercitamiento de destrezas básicas, capacidades contextuales, tareas estratégicas y presentación coreográfica. Si existe un vacío entre lo que se entiende y lo que se realiza se tratará entonces de juzgar lo que puede o debe hacerse al respecto.

Quedará claro entonces que el movimiento como una parte del *curriculum* general de la escuela puede estudiarse académicamente además de ser ejercitado. Es posible valorar ambos modos de conocimiento con la intención de mejorarlos.

---

[9] Como se presenta en "The saber-tooth curriculum"; consúltese Benjamin (1971, págs. 7-9).

Con el fin de ilustrar más plenamente lo que puede hacerse aquí me referiré a dos exámenes. Ambos corresponden al nivel del *General Certificate in Secondary Education* (GCSE) (Certificado General de Educación Secundaria) y por eso, están concebidos para alumnos de unos 16 años de edad. El primero se refiere a la materia de "educación física" respecto de la cual el *Northern Examining Board* (Consejo Examinador del Norte) declara que uno de los propósitos es "incrementar el conocimiento, la comprensión y la realización de actividades físicas por parte del candidato". Los "objetivos de valoración" que se espera que éste alcance son:

1 demostrar competencia en las actividades físicas elegidas, tal como se especifica en el contenido de la materia;
2 revelar de un modo adecuado un conocimiento y una comprensión de las leyes, reglas, técnicas, estrategias y los factores de seguridad referentes a los deportes o actividades físicas escogidos;
3 revelar un conocimiento y una comprensión de la base física del rendimiento y del ejercicio en actividades físicas;
4 revelar un conocimiento de la organización de los deportes y de las actividades físicas en su país y de las influencias sociales en la participación;
5 mostrar las destrezas de investigación, análisis y evaluación dentro de un área seleccionada de la educación física.

El esquema de la valoración atribuye un 50% de la calificación al "rendimiento práctico" (objetivos 1 y 2), que supone cuatro actividades físicas elegidas; un 30% a la "redacción" (objetivos 3 y 4), que consiste en responder brevemente a cierto número de cuestiones así como a preguntas libres; y un 20% al "estudio personal" (objetivo 5), que supone escribir un trabajo de 1.500-2.000 palabras sobre un tema aprobado como "los efectos del ejercicio en la tasa cardíaca" o "un estudio sobre dieta y gasto energético".

El segundo examen, referido a la materia de la "danza" fue concebido por el *London and East Anglian Examining Group* (Grupo Examinador de Londres e East Anglia). El propósito formulado es "desarrollar un conocimiento de la danza como forma de arte". Los "objetivos de valoración" del examen son determinar la capacidad del candidato en:

(a) *coreografía:* demostrar una comprensión de la coreografía a través de la presentación de su propia composición;

(b) *realización:* revelar una competencia corporal y unas destrezas interpretativas a través de la ejecución de danzas y estudios.

(c) *Apreciación:* (I) revelar un entendimiento crítico de la coreografía; (II) revelar una comprensión crítica de una obra determinada; (III) revelar una conciencia y una comprensión de grandes tendencias coreográficas dentro de un contexto histórico.

El "esquema de valoración" en relación con estos objetivos, otorga el 50% de la calificación a "la coreografía práctica y la ejecución", que supone composiciones tanto como interpretación; el 30% a una "apreciación por escrito" referida al conocimiento y comprensión de amplias tendencias coreográficas en un contexto histórico; y el 20% al "trabajo de curso" que puede ser sobre temas tales como "ballet romántico", "la estructura de la música y su relación con la danza", "paralelismo y Nijinsky" y "práctica del jazz".

Han sido escogidos ambos exámenes por dos razones. La primera porque ejemplifican y refuerzan una afirmación anteriormente formulada en el sentido de que los objetivos "educativos" del *curriculum* del movimiento deberían surgir de su estudio y práctica. La segunda razón para destacar los objetivos y procedimientos de valoración de estos exámenes es que no exigen, como a menudo sucede, un formato del modelo de los objetivos de la conducta en donde todo lo que se realiza es arbitrariamente escindido en lo "cognitivo", lo "afectivo" y lo "psicomotor" de un modo artificialmente fragmentario[10].

Resumiendo ambos exámenes resultan apropiados y, por eso, son recomendables desde el punto de vista educativo ya que basan lo que se proponen estimar en los objetivos que surgen del estudio y la práctica de las actividades del movimiento y no de otras consideraciones extrínsecas como la promoción de la "socialización" o de la "salud", si bien todavía éstas pueden surgir como resultados fortuitos.

---

[10] Véase, por ejemplo, el documento publicado por la *Scottish Committee in Physical Education* (Comisión Central Escocesa sobre Educación Física) titulado *A Framework for Assessment* (1985, pág. 13).

Diagnóstico y orientación

Ocasionalmente la evaluación del progreso de un alumno revelará debilidades o dificultades específicas y, una vez identificadas, podrá tomarse una decisión sobre lo que es mejor hacer al respecto. A menudo, la respuesta consiste en un tratamiento reparador en forma de una atención o supervisión especiales. Sin embargo, a veces, puede que la respuesta no sea fácil en razón de algo como, por ejemplo, una incapacidad congénita. Lo que la evaluación revela con frecuencia es el alumno con sus intereses, características personales, necesidades y capacidades peculiares y habrá entonces que decidir si es posible acomodarlos de alguna manera. En términos ideales, el *curriculum* debería ser lo más "individualizado" y "personalizado" posible para que pueda ayudarse a cada alumno a hacer realidad sus capacidades tanto respecto a la educación como a la escolarización. Como último recurso, toda enseñanza debería orientarse de acuerdo con estas consideraciones.

Motivación

No se ha analizado si la evaluación debería o no utilizarse como una forma de motivación. No obstante, el hecho es que a menudo actúa como tal, tanto si se pretendió como si no.

Lo que se sabe es que un "conocimiento de los resultados" actúa a menudo como un estímulo para el aprendizaje[11]. Si se anima a los alumnos a iniciar y mantener un registro acumulativo de sus progresos o incidencias en materias como "conocimiento de las reglas" o "adquisición de destrezas" en un sector, como por ejemplo, el del atletismo, puede obtenerse una forma valiosa de *autoevaluación;* se evidenciarán así aquellas áreas de su perfil que podrían fortalecerse y que requieren una mejora.

---

[11] Hay muchos libros útiles sobre este tema en relación con las actividades físicas. Veánse, por ejemplo, los de Sage (1984) y Singer (1980).

Debe recordarse también que un conocimiento de los resultados en forma de notas comparativas puede conducir a una división social inadecuada para un buen clima de aprendizaje. Véase Satterly (1981, pág. 48).

Clasificación y calificación

La evaluación se utiliza, a veces, para la clasificación y la calificación. Una variedad de motivos puede inducir a la realización de una clasificación o disposición de los alumnos en categorías o grupos. El más corriente, y más fácilmente justificable, es el de lograr unas oportunidades de aprendizaje más eficaces.

Con frecuencia se afirma que la enseñanza impartida a alumnos en grupos de capacidad comparable es un modo más eficaz de conseguir los resultados pretendidos del aprendizaje que cuando se realiza en grupos de capacidades diferentes. Si esto es así, y se pueden concebir formas de valoración que lo hagan posible de un modo válido y fiable, entonces prestarán un servicio útil.

Ligada a la cuestión de la clasificación está la calificación. Como sucede con otras materias, en educación la asignación de calificaciones es una cuestión discutible y ahora no profundizaré más en esta cuestión. La realidad es que a veces se emplea la evaluación para calificar y su justificación dependerá de las razones brindadas y del modo en que se utilicen responsablemente los resultados. Si las calificaciones han de relacionarse estrictamente con el progreso del alumno en cada una de las actividades seleccionadas, del *curriculum* del movimiento y no se confunden con otros puntos importantes pero no directamente relacionados de interés general como "conciencia social", "desarrollo general físico", "conciencia de sí mismo", "deleite" o "cooperación", resultarán pertinentes las siguientes preguntas:

(I) ¿cuáles son los objetivos intrínsecos de la actividad?,
(II) ¿se enseñó a los alumnos conforme a estos objetivos?,
(III) ¿guarda una adecuada relación la forma de valoración (tests, exámenes o juicios informados) con los objetivos en cuestión?

Eficacia de la enseñanza

A menudo la evaluación de los alumnos puede servir al profesor como una forma de autoevaluación. Los resultados de tests y exámenes, al margen de proporcionar una base para la supervisión del progreso del alumno, pueden utilizarse para que el profesor valore su propia actuación en relación con la adecuación y la presentación de actividades. Tras observar los "resultados" de un curso o de un programa educativo, es posible que al profesor le sea útil hacerse preguntas como las siguientes: "¿las actividades seleccionadas eran las más apropiadas?", "¿me mostré tan claro y realista como me fue posible a la hora de establecer determinadas tareas?", "¿en qué formas puedo mejorar mi organización y mis métodos docentes?", "¿cómo puedo lograr una mayor cooperación y mejorar las formas de comunicación?

Mediante la valoración de sus alumnos, un profesor activo y reflexivo puede llegar a aprender mucho sobre sí mismo y sus métodos docentes.

Formas de valoración

Se reconoce generalmente que hay dos enfoques principales para la valoración y la aplicación de tests a los alumnos. Al primero se le conoce como "referido a una norma" y al segundo como "referido a un criterio". De hecho, los profesores utilizan ambas formas desde hace muchos años pero sólo recientemente se ha establecido una distinción formal entre ellas. La diferencia entre una y otra radica, sobre todo, en sus respectivos propósitos y en los tipos de filosofía que encarnan. Como ambas interesan al profesor de actividades del movimiento, esbozaré sucesivamente cada una.

Valoración referida a una norma

La valoración referida a una norma consiste esencialmente en comparar el logro de un alumno con los de otros. Su finalidad es establecer una comparación entre ellos y relacionarla con el promedio de rendimiento de un gran número de alumnos semejantes (SATTERLY, 1981, pág. 54). Por "norma se entiende la que está asociada con un grupo en particular, sea cual fuere su tamaño, y la valoración indica lo bien o mal que lo está haciendo el individuo en cuestión en comparación con el grupo. Así por ejemplo, una persona calificada con "A" en términos de la norma del grupo puede ser descrita como "sobresaliente", mientras que a otra calificada con "C" se la considerará "media", etc. La importancia de la valoración referida a una norma, sobre todo si los resultados del test o del examen se basan en una gran población y se hallan "estandarizados", estriba en que puede indicar la posición *relativa* de un alumno dentro de una actividad o unidad de estudio para la que se dispone de información sobre el rendimiento del grupo. Puede resultar útil en tareas como las de "motivar", "calificar", "seleccionar" y "prever" si éstas se consideran recomendables en algún aspecto. Para los profesores, no menos que para investigadores y administradores, las normas escolares, regionales o nacionales representan la posibilidad de obtener una información destinada no sólo a la evaluación del *curriculum* y a su desarrollo sino con el propósito de delimitar la responsabilidad.

Se critican a veces, en términos generales, los procedimientos de valoración de base normativa, sobre todo cuando el grupo es pequeño y los resultados no están estandarizados, señalando que, aunque proporcionan una imagen de la posición *relativa* de un alumno respecto del rendimiento de los demás que constituyen un grupo, ello presenta escaso interés en comparación con saber el grado en que el logro de un alumno se aproxima a una determinada cota de rendimiento en una actividad específica. Decir de un alumno que es el "mejor" de un grupo "malo" no es revelar gran cosa sobre el nivel del rendimiento que ha alcanzado. El mejor nadador de un grupo de principiantes poco significa respecto a su capacidad en la materia. Como afirma BROWN (1981): "Los resultados normativos no nos dirán exactamente lo que el alumno sabe y puede hacer; sólo nos revelarán si sabe más (o menos) y puede hacer más (o menos)" (pág. 1) en comparación con otros del mismo grupo.

Los tests referidos a una norma presentan dos deficiencias específicas cuando se utilizan con fines educativos:

(I) no revelan qué conocimiento o destrezas se han logrado en una determinada actividad, un curso o una unidad de trabajo;
(II) rara vez proporcionan un diagnóstico adecuado que sea útil al profesor o al alumno, de las dificultades o los fallos en el aprendizaje.

En razón de dichas limitaciones se ha observado recientemente un interés por el desarrollo del segundo enfoque de valoración, el referido a un criterio.

Valoración referida a un criterio

Las formas de valoración referidas a un criterio se han desarrollado en respuesta a las que se refieren a una norma, no sólo por las limitaciones de éstas en términos de la información "objetiva" proporcionada, sino también como un esfuerzo por menguar un indeseable espíritu competitivo que a veces promueven las formas referidas a una norma.

El propósito del enfoque referido a un criterio consiste en estimar el *logro* de los alumnos, no en relación con otros, sino con un criterio establecido o estándar de rendimiento. Pretende identificar lo que una persona sabe o en qué es competente. No se interesa por la posición de un sujeto respecto a otros sino por la situación en que se encuentra en relación con un conocimiento de la materia o por el modo en que se comporta en una actividad determinada. Como señala Brown *(ibid.,* pág. 14):

> La valoración referida a un criterio proporciona información sobre las capacidades y el conocimiento específicos de los alumnos a través de sus rendimientos en diversos tipos de tareas que son interpretables en términos de aquello que los alumnos saben o pueden hacer, sin referencia al rendimiento de otros (pág. 14).

Por eso, la referencia a un criterio puede ser de gran valor a la hora de analizar los puntos fuertes y débiles de un determinado alumno en relación con una destreza o un nivel de rendimiento. A menudo se define el test referido a un criterio como aquel que "se utiliza para precisar el grado de correspondencia entre el rendimiento o el aprendizaje de un individuo y una especificación exacta de la coducta mostrada por alguien que ha aprendido 'eficamente' un objetivo muy definido de aprendizaje" (Satterly, 1981, pág. 348). Con frecuencia dichos tests abarcan sólo unidades de pequeño contenido (por ejemplo, una voltereta, un tiro a distancia o un servicio del tenis) y los resultados se interpretan como indicadores de lo que puede hacer quien aprende, en vez de utilizarse como *comparación* con otros individuos. Un resultado referido a un criterio señala el nivel de logros de un alumno en relación con un objetivo o una parte necesaria y constituyente de una actividad. Debería advertirse que, cuando se utiliza el término "criterio" para definir un grado de rendimiento alcanzado, no se refiere a una conducta final sino a una diferencia de nivel a lo largo de un continuo de logros. Las medidas o calificaciones referidas a un criterio proporcionan así información respecto al grado de competencia alcanzado por un determinado alumno que es independiente de la referencia al rendimiento de otros. Sin embargo, debería apreciarse que los enfoques de referencia a un criterio y de referencia a una norma para una valoración no son siempre tan mutuamente excluyentes como a veces se les presenta. BARROW (1984, pág. 236) señala lo ilógico de esta posición. En la situación escolar no es fácil ver cómo la valoración referida a un criterio puede ser enteramente desligada de la referida a una norma puesto que, para decidir el criterio a utilizar, es necesario saber primero lo que razonablemente puede esperarse que logren los alumnos a diferentes edades o niveles de desarrollo. Considerados juntos, los dos enfoques deberían estimarse distintos pero complementarios. Mientras que el enfoque de referencia a la norma contribuye a la identificación del rendimiento *relativo,* y es por eso capaz de indicar quien necesitará probablemente un trabajo asistencial o una "educación individualmente orientada", el enfoque de referencia a un criterio es mejor desde el punto de vista del diagnóstico en cuanto que resulta más capaz de identificar qué puntos fuertes y débiles *reales* existen en el rendimiento y por eso será quizá más útil a la hora de decidir lo que debería enseñarse en el futuro para lograr un determinado, nivel de rendimiento.

Evaluación formativa y sumativa

La formativa y la sumativa son dos tipos de evaluación respectivamente ligados a la referencia al criterio y a la norma. *Evaluación formativa* es la que tiene lugar durante el proceso de enseñanza-aprendizaje, con la idea de identificar los puntos débiles en el rendimiento del alumno y de corregirlos según un determinado curso o unidad de trabajo. Se trata de un diagnóstico efectuado de manera inmediata y es parte integrante de la lección o del programa mientras se están desarrollando. El propósito de la evaluación formativa no es tanto juzgar sino mejorar lo que está intentándose mediante una supervisión inteligente de lo que sucede y del modo que contribuye al logro de los objetivos fijados. Adviértase que, para proceder así de un modo eficaz, hay que tener muy en cuenta los criterios por los que se identifican los objetivos. Si un método de enseñanza se muestra ineficaz, puede que sea necesario pasar a otro. La *evaluación formativa,* como observación perceptiva o como resultados de tests, debería ser parte de la actividad cotidiana de un profesor.

La *evaluación sumativa* no se interesa tanto por la dotación de retroinformación *(feedback)* con el fin de ayudar sobre la marcha a cada uno de los alumnos, como por la eficacia o la ineficacia general de un programa después de finalizado. Al margen de reflejar los logros de los alumnos en interrelación puede utilizarse para determinar las calificaciones de un alumno con idea de situarle en grupos más eficientes de aprendizaje. Sin embargo, debe interesarse además por cualquier información que se precise sobre los resultados tanto pretendidos como inesperados y tratar de estimar el valor o los deseos de cada uno. Sólo procediendo así es posible decidir si el programa puede ser alterado, modificado y mejorado. Como observa LUFF (1980): "Si la evaluación sumativa mide sólo el grado en el que se han alcanzado las metas o los objetivos, entonces es probable que resulte un tanto limitada e introspectiva y que acepte los valores en vez de ponerlos en tela de juicio..." (pág. 20).

En resumen, puede decirse que mientras que la evaluación formativa se realiza fundamentalmente por y para quienes están enseñando y desarrollando un programa o curso específico del *curriculum*, la evaluación sumativa se practica más a menudo por aquellos que no participan directamente en el desarrollo. Aunque hoy día ésta pueda ser la realidad, yo sugeriría que, en el futuro, el profesor en ejercicio participase en ambas formas de evaluación porque sucede a menudo que los resultados o la retroinformación surgida de las formas sumativas de evaluación tienen consecuencias para futuros aspectos formativos de evaluación. También aquí una es complementaria de la otra.

Niveles, calificaciones relacionadas con los criterios, perfiles y Certificado General de Educación Secundaria (GCSE)

Con la cuestión de la valoración se asocia la de los "niveles". Expresándose en términos generales, la idea de un nivel es la de un ejemplo aceptado y aprobado, de algo que sirve para medir o juzgar a otros. En este sentido, sirve como modelo de logros o rendimientos a los fines de medición, comparación o aspiración.

No obstante, para el profesor la cuestión práctica que se plantea no es tanto en qué consiste un nivel sino cómo cabe establecerlos en las escuelas. GLASS (1978) presentó cierto número de métodos para considerar este problema. Sólo dos se mencionarán aquí. El primero consiste en estudiar el rendimiento de un gran número de alumnos comparables. Esto guarda claramente relación con el enfoque referido a una norma. Con objeto de determinar un nivel razonable de expectativas, se toma como base para la valoración la *mediana* de los resultados de los alumnos del "mismo tipo" en calidad de punto de referencia aislado más útil. Está claro que, si pudiera disponerse de algo semejante a la *National Standard Scales* (Escala Nacional de Niveles) para actividades tan obviamente mensurables como el atletismo y la natación, podría actuar como referencia importante para un enfoque de la valoración. Si se supiese, por ejemplo que el chico "medio" de 15 años era capaz de realizar un salto de longitud de 4,7 m, se dispondría de un buen indicador de lo que podría esperarse razonablemente y, en consecuencia, sería posible elaborar una escala de calificaciones.

El segundo modo de establecer niveles consiste en estudiar el rendimiento de unos "maestros" reconocidos como tales (es decir expertos en la actividad). Aquí los niveles (y las cualidades) reconocibles en el rendimiento magistral se consideran como los criterios con los que cotejar otros juicios. Este enfoque del problema de los niveles se corresponde con el relativo a la valoración con referencia a un criterio. Posee el mérito no sólo de centrarse en lo que supone la naturaleza de la actividad más que en su "resultado" sino de permitir además una mayor apreciación de aquello que es posible obtener. Se advertirá además que la noción de los criterios va más allá del concepto de medición. Se interesa más por la capacidad de identificar y comprender lo que se intenta para poder formular juicios al respecto. Así, una vez aclarados los criterios de una determinada actividad mediante su estudio en relación con los rendimientos magistrales, tanto si se trata de un gimnasta, de un atleta o de un bailarín, se facilita la valoración de una manera experta y documentada. Comprender y apreciar una actividad por los criterios que la caracterizan tanto como la gobiernan es hallarse instruido en las peculiaridades de esa actividad. Sólo cuando esto se comprenda puede lograrse una evaluación adecuada. En este sentido es posible decir que los criterios identificables de una actividad son también sus objetivos y a éstos habría que atenerse para formular un juicio. Los grandes exponentes de actividades específicas son sus más destacados abanderados. A ellos deben dirigirse, en primer lugar, los asesores a la hora de establecer un nivel óptimo con el que se relacionen todos los demás tanto si se interesan por procedimientos como "determinar porcentajes descendentes a partir de un máximo del 100%" como precisar una "competencia mínima".

En los exámenes del nuevo Certificado General de Educación Secundaria en Inglaterra y Gales (GCSE), que se aplican a los alumnos que han pasado cuatro años en las escuelas secundarias y que cuentan aproximadamente 16 años, se ha adoptado en unas veinte materias la política de calificación mediante referencia a un criterio. Aquí la calificación significa el sistema conforme al cual se definen las notas y se confieren en términos de niveles pre-especificados de rendimiento particular para la materia en cuestión. Se ha adoptado una escala de siete puntos, designados por las letras A, B, C, D, E, F, y G[12]. Un candidato que no logre alcanzar el nivel mínimo del grado G no recibirá certificado en esa materia. Es interesante advertir que la educación física y la danza no figuran entre las veinte materias que *han* de proporcionar "unos criterios específicos de la materia" pero están incluídas entre las que *pueden* ser objeto de examen con tal de que se conformen a los "criterios generales". Por criterios generales se entiende en este contexto el sometimiento a un resumen de la materia que incluye los siguientes elementos:

1 Título
2 Formulación de propósitos generales
3 Valoración de objetivos
4 Proporción de puntos asignados a cada objetivo
5 Esquema de valoración
6 Contenido de la materia
7 Descripciones de grado al menos para C y F

Es interesante advertir que puede variar lo que en realidad se hace con tal de que cada uno de los cinco grupos examinadores[13]

---

[12] Este enfoque de la evaluación por "criterio de grados" es el adoptado ahora oficialmente en Inglaterra y Gales al igual que en Escocia, como paso adelante en un esfuerzo por mejorar los niveles así como por presentar más claramente lo que un alumno es capaz de hacer en relación con las diferentes áreas de materias del *curriculum.* En general los "criterios de grados" pueden considerarse una forma de clasificar con referencia a criterios que reflejan el logro de un alumno en una materia, una actividad específica o una unidad de trabajo.

En un discurso pronunciado en Sheffield en 1984 Sir Keith Joseph, secretario de Estado de Educación y Ciencia, exigió "claras definiciones del conocimiento del nivel y del rendimiento esperados de los candidatos para otorgarles grados determinados".

[13] El Certificado General de Educación Secundaria será otorgado en Inglaterra y Gales por cinco grupos examinadores, los de Londres e East Anglia, Midland, la Asociación de Exámenes del Norte, el Grupo de Exámenes del Sur y la Comisión Conjunta Galesa de Educación.

de base regional se mantenga dentro de las directrices antes mencionadas.

Aunque en educación física y en danza sólo se requieren las "descripciones de grado",o el intento de describir, en términos positivos y específicos de la materia, el nivel esperado de logros en los exámenes para los grados C y F, idealmente deberían obtenerse los grados de cada materia a lo largo de la escala de siete puntos para cada actividad separada, sobre la base de "criterios relacionados con los grados" o "criterios de grado" para alcanzar el principio de *diferenciación.* De hecho[14], algunas regiones han advertido ya la necesidad de llevar las cosas más allá de las exigencias actuales. La *Northern Examining Association* (Asociación de Exámenes del Norte), por ejemplo, ha elaborado en el caso de diez actividades físicas unas "descripciones de grado" de competencia sobre una escala de cinco puntos. Las dos actividades que reseñamos seguidamente se refieren al *badminton* y al *hockey.*

Queda por ver si de hecho, y con el paso del tiempo, resultará posible o deseable elaborar de un modo fiable y válido, sobre una escala de siete puntos, criterios nacionales de grado para cada actividad física principal desarrollada en la escuela secundaria. Al menos en principio parece lógico y sensato intentarlo.

Lo que es deseable indudablemente, no sólo para el certificado sino para la evaluación del progreso de todos los alumnos, es el mantenimiento de un registro o *perfil* individual. No sólo tendría un valor pedagógico para el profesor sino que constituiría una fuente de información para los padres o el futuro director del centro sobre lo que ese determinado alumno sabe o puede hacer. Idealmente, en una materia como la del movimiento un cuaderno del perfil debería reflejar no sólo un equilibrio entre "teoría" y "práctica" tal como se ha esbozado en el capítulo anterior (véase Figura 3, pág. 148) sino entre "examen" y "trabajo de curso". Aunque quizá no sea posible documentar exactamente el progreso (o la falta de éste) en un alumno en relación con todo lo que se halla implícito en el *curriculum* del movimiento en términos de educación o de escolarización

---

14 Un examen diferenciado es aquel en el que los diversos componentes se sitúan deliberadamente en distintos niveles de dificultad para atender a las necesidades de candidatos de diferentes niveles de capacidad.

(a) Badminton	
Nivel	*Descripción*
5	Dificultad en ejecutar incluso los tiros más básicos del juego.
4	Capacidad para ejecutar golpes aislados sin establecer una continuidad ni efectuar golpes de ataqúe.
3	Aptitud para participar individualemnte o en dobles, empleando sólo los golpes básicos y con escasa continuidad. Capacidad para ganar tantos a lo largo del partido.
2	Capacidad para realizar golpes correctos, como anteriormente pero en la práctica y durante un juego normal y no sólo en respuesta a las presiones del partido. Conocimiento básico de las tácticas y capacidad para aplicarlas tanto jugando solo como en dobles. Aptitud para anotarse puntos a lo largo del partido y posesión de un cierto conocimiento de la posición.
1	Capacidad para jugar y para lograr los golpes tácticos correctos en una situación de juego. Se espera de este jugador una competencia tanto en partidos individuales como en dobles y resulta esencial que sea consciente de las posiciones que ocupan en la pista tanto él como su adversario. Capacidad para realizar todos los golpes, incluyendo el "smash" (remate) y el "drop" (dejada). Marcará a lo largo del juego, mostrando una comprensión de la dirección.

(b) Hockey	
Nivel	*Descripción*
5	Dificultad en ejecutar incluso las destrezas básicas de empujar, golpear y detener una pelota. Incapacidad de ligar el rendimiento personal con el juego del equipo y escaso conocimiento de las reglas.
4	Capacidad para participar en un partido, revelando una cierta aptitud en relación con la posición propia, pero no poseedor en todo momento de un control que signifique una contribución positiva al juego del equipo. Cierto conocimiento de las reglas, puesto de relieve en una situación de juego.
3	Capacidad para revelar buenas destrezas individuales en relación con su propia posición pero con una ejecución técnica más bien inconsecuente. Profundo conocimiento de las reglas del juego, acompañado por una comprensión de las tácticas básicas y de las estrategias que deban emplearse en la actuación en equipo.

(b) Hockey

Nivel	*Descripción*
2	Capacidad para desempeñar un papel significativo en un partido de competición en un nivel relativamente bueno para el grupo de edad al que corresponde. Capacidad para revelar toda la gama de destrezas respecto a su posición individual, aunque éstas no siempre guarden relación con lo que es el juego en concreto. Pruebas tanto de aplicación de las reglas como de conciencia de las tácticas y estrategias precisas para una actuación eficaz en equipo.
1	Capacidad para participar en un partido de competición con un nivel relativamente alto para el grupo de edad al que corresponde. Aptitud para revelar toda la gama de los tiros en el desarrollo del juego, incluyendo la "cuchara". Comprensión y "visión" respecto de su posición individual. Capacidad para atender a las exigencias de su colocación, cambiando flexiblemente de rol en función de la situación. Pruebas tanto de un conocimiento avanzado de las reglas como de su aplicación. Conciencia de las tácticas y estrategias necesarias para un eficaz trabajo en equipo.

(sobre todo tal vez en las esferas moral y estética), debería concebirse un sistema de valoración del perfil en áreas como "conocimiento y comprensión", "rendimiento práctico" y "evaluación crítica". A menudo en el elemento de "trabajo de curso", que ofrece la oportunidad de realizar tareas amplias de naturaleza tanto "práctica" como "teórica", es en donde más fructíferamente pueden realizarse los fines y objetivos educativos, mejor que en el elemento del examen en donde el tiempo necesariamente escasea. El peso que, para los fines del Certificado, debería atribuirse al "trabajo dc curso" en contraste con el "examen" es cuestión que habría que decidir; pero en el nivel del GCSE no parecen existir sólidas razones que se opongan a que se eleve hasta el 50%. Lo que un excelente esquema de estimación y un perfil deberían proporcionar es una imagen de *"diferenciación"*; es decir, revelar no sólo entre diferentes materias sino dentro de cada materia lo que un determinado alumno puede hacer y comprender en relación con su nivel individual de capacidad. A lo que habría que oponerse desde el punto de vista evaluativo (pese a su comprensible utilidad para cualquier futuro director de centro) es a una *"calificación acumulativa"*, porque se advertirá que una calificación general no revelará los datos convenientes de los puntos débiles y fuertes de un individuo.

Ventajas y desventajas de los criterios nacionales

Relacionado con las cuestiones de los niveles y certificado figura el hecho de determinar si, en principio, es buena cosa un sistema nacional de criterios de calificación para todas y cada una de las materias enseñadas en las escuelas secundarias. Los partidarios del sistema indican dos ventajas. La primera es que se llegará a un acuerdo sobre la esencia de lo que debe enseñarse. Así se conseguirá que el contenido y los objetivos de la materia queden determinados nacionalmente. Esto aportará a su vez los siguientes beneficios:

1 Podrán planificarse resúmenes para la certificación con la firme esperanza de que los alumnos de otra parte del país abarque la misma área. Así podrán pasar los chicos de una escuela a otra sin experimentar dificultades indebidas.
2 Los certificados expedidos resultarán más útiles a los directores de centros y a otras personas, puesto que las calificaciones logradas en una determinada materia indicarán que el conocimiento específico, las destrezas y competencias que haya adquirido son reconocidos en todo el país.

La segunda ventaja principal indicada es que estimulará un buen *curriculum* y una excelente práctica de valoración puesto que los profesores necesitarán mantenerse al día en la consideración del contenido de la materia y en los métodos de enseñanza. Así, y hasta cierto punto, quedará garantizado que:

(a) se otorguen las calificaciones mediante la adopción de una escala común con el empleo a título orientativo de unas descripciones de calificación;
(b) serán comunes los enfoques de la moderación de las valoraciones de los profesores de forma que se logre una mayor objetividad.

Por otro lado, quienes afirman que en principio no resulta ventajosa la adopción de criterios nacionales para todas las materias enseñadas en las escuelas secundarias formulan dos afirmaciones. La primera es que existe el peligro de que se imponga al *curriculum* un control central. Resulta probable que ese peligro se incremente por el hecho de que el *curriculum* ya no corresponda al profesor, la escuela o la autoridad local de educación. Por el contrario, el *curriculum* se decidirá, al menos en parte, a través de un documento formulado en asociación con el Gobierno y aprobado por éste.

La segunda es que semejante paso podría actuar como enemigo de la innovación y conducir a la *fosilización* del *curriculum.* Adviértase que este segundo punto se relaciona con el primero, que alude a la probable destrucción de la autonomía profesional y de la libertad de experimentación. Es posible que, sobre todo tras un cierto período de tiempo, se vean desfavorablemente afectados el *curriculum* y cada una de las áreas de materias. Si se quiere prevenir esta situación desfavorable es evidente que hay que promover algunas garantías que aseguren la realización de un cambio[15].

Evaluación del *curriculum:* lista de comprobación de un profesor

Ya estará claro que una evaluación del *curriculum* exige una profunda comprensión de *lo que* se intenta, *cómo* se intenta y *por qué.* Exige que el profesor esté completamente familiarizado, entre otras cosas, con la estructura peculiar de cada actividad así como que posea un sólido conocimiento de la mejor manera de valorar cuanto se hace o lo que se ha hecho. Reseñamos a continuación una propuesta de lista de comprobación para un profesor en ejercicio.

1 ¿Existe una exposición *razonada* y claramente formulada por escrito del programa o la unidad de trabajo propuestos, indicando su filosofía educativa subyacente?
2 ¿Sobre qué bases se ha operado la *selección* de las actividades o unidades de trabajo? ¿Es justificable?

[15] En Inglaterra un *National Curriculum Council* (Consejo Nacional del Curriculum) se encargará de revisar las programaciones curriculares y los objetivos logrados mientras que un *School Examination and Assessment Council* (Consejo Escolar de Exámenes y Valoración) revisará los procedimientos de valoración y los exámenes y decidirá en los conflictos de las evaluaciones.

3 ¿Se han formulado de la forma más precisa posible los *objetivos* de cada actividad o unidad de trabajo seleccionada?
4 ¿Están claros los *criterios* para efectuar una valoración respecto a cada actividad o unidad de trabajo?
5 ¿Se ha resuelto satisfactoriamente el problema de los *niveles* que hay que adoptar?
6 ¿Las *tareas* y los *métodos* son apropiados a las necesidades, capacidad e intereses de los alumnos?
7 ¿Se dispone de los *medios* y *equipo* necesarios para la realización del programa?
8 ¿Existe un *sistema* para registrar la información, asegurar una retroinformación a los alumnos y reconsiderar lo que debería hacerse a la vista de lo que llegue a conocerse de los resultados, tanto pretendidos como inesperados?
9 ¿Se ha preparado para cada alumno un *informe del perfil*, claro y bien estructurado? ¿Es capaz de proporcionar un resumen preciso de los logros de un alumno en cada actividad o área del *curriculum* que se ha completado?

Bibliografía

ANDERSON, R. H., LAWSON, R. L., SCHELL, R. L. y SWIFT, D. F. (1968). *Foundation Disciplines and the Study of Education,* Toronto, Macmillan.

ANSCOMBE, G. E. M. (1957). *Intention,* Oxford, Blackwell.

ARISTÓTELES, *Ethics,* traducción de Nichomachean Ethics hecha por Thompson, J. A. K. (1973), Londres, Penguin. (Trad. cast.: *Etica Nicomaquea. Etica Eudemia,* Madrid, Gredos, 1985.)

ARNOLD, P. J. (1973). "Education and the concept of movement", *Bulletin of Physical Education,* 9, 5, Enero, pp. 13-22.

——— (1979a). "Intellectualism, physical education and self-actualization", *Quest,* 31, 1, pp. 87-96.

——— (1979b). *Meaning in Movement, Sport and Physical Education,* Londres, Heinemann.

——— (1979c). "Agency, action and meaning in movement: An introduction to three new terms", *Journal of the Philosophy of Sport,* otoño, pp. 49-57.

——— (1980). "Movement, physical education and the curriculum", *Physical Education Review,* 3, 1, primavera, pp. 14-17.

——— (1982). "Competitive games and education", *Physical Education Review,* 5, 2, pp. 126-30.

——— (1984a). "Sport, moral education and the development of character", *Journal of the Philosophy of Education,* 18, 2.

——— (1984b). "Three approaches towards an understanding of sportsmanship", *Journal of the Philosophy of Sport,* 10, pp. 61-70.

ASPIN, D. (1975). "Ethical aspects of sports and games", *Proceedings of the Philosophy of Education Society of Great Britain,* IX, Julio.

AUSUBEL, D. P. y FLOYD, G. R. (1969). *School Learning,* Holt, Rinehart & Winston.

BAILEY, C. (1975). "Games, winning and education", *Cambridge Journal of Education,* 5, 1, Lent, pp. 40-50.

BAILEY, C. (1984). *Beyond the Present and Particular,* Londres, Routledge & Kegan Paul.

BANTOCK, G. H. (1971). "Towards a theory of popular education", en Hooper, R. (ed.), *The Curriculum, Context, Design and Development,* Edimburgo, Oliver & Boyd.

BARROW, H. M. (1983). *Man and Movement: Principles of Physical Education,* Filadelfia, PA, Lea & Febiger.

BARROW, R. (1980). *Happiness,* Nueva York, St. Martin's Press.

——— (1981). *The Philosophy of Schooling,* Brighton, Harvester Press.

——— (1984). *Giving Teaching Back to Teachers,* Brighton, Wheatsheaf.

BEARDSLEY, M.C. (1979). "In defence of aesthetic value", American Philosophical Association, *Proceedings,* 52, 6.

BECK, L. W. (1959). *Immanuel Kant: Foundations of the Metaphysics of Morals,* Indianápolis, IN, Bobbs-Merill.

——— (1975). *The Actor and the Spectator,* New Haven, CT, Yale University Press.

BELLAMY, R. (1982). "Wilander: A winner and a gentleman", *The Times,* 5, Junio.

BENJAMIN, H. (1971). "The saber-tooth curriculum", en Hooper, R. (ed.), *The Curriculum: Context Design and Development,* Edimburgo, Oliver & Boyd, pp. 7-19.

BERNDTSON, A. (1960). "Beauty, embodiment and art", *Philosophy and Phenomenological Research,* 21.

BEST, D. (1978). *Philosophy and Human Movement,* Londres, George Allen & Unwin.

——— (1979). "Free expression and the teaching of techniques", *British Journal of Educational Studies,* XXVII, 3, Octubre.

——— (1980). "The objectivity of artistic appreciation", *British Journal of Aesthetics,* 20, 2, primavera, pp. 115-27.

——— (1982). "Can creativity be taught?", *British Journal of Educational Studies,* 30, 2, Octubre, pp. 280-94.

——— (1985). *Feeling and Reason in the Arts,* Londres, George Allen & Unwin.

BIGGE, M.C. (1982). *Educational Philosophies for Teachers,* Columbus, OH, Charles E. Merrill & Co.

BLOOM, B.S. y cols. (1966). *Taxonomy of Educational Objectives: The Classification of Educational Goals,* Londres, Longmans. (Trad. cast.: *Taxonomía de los objetivos de la educación. Clasificación de las metas educativas,* Alcoy, Marfil, 2ª ed. (2 Vols.), 1975.)

BLUM, L. A. (1980). *Friendship, Altruism and Morality,* Boston, MA, Routledge & Kegan Paul.

BOROTA, J. (1978). "A plea for sporting ethics", *Bulletin of the Federation Internationale d'Education Physique,* 48, 3, pp. 7-10.

BOUET, M. (1969). *Les Motivations des Sportifs,* Editions Universitaires.

BRISKMAN, L. (1980). "Creative product and creative process in science and art", *Enquiry,* 23, pp. 83-106.

BROOKS, G. H. (ed.) (1981). *Perspectives on the Academic Discipline of Physical Education,* Champaign, IL, Human Kinetic Publishers.

BROWN, S. (1981). *What Do They Know?: A Review of Criterion Referenced Assessment,* Londres, HMSO.

BUCHER, C. A. (1983). *Foundations of Physical Education and Sport,* St. Louis, MI, C. V. Mosby.

BULL, H. (1985). "The use of behavioural objectives – A moral issue", *Journal of Further and Higher Education,* 9, 3, Otoño, pp. 74-80.

CALLOIS, R. (1961). *Man, Play and Games,* Nueva York, Free Press of Glencoe.
CARLISLE, R. (1969). "The concept of physical education", *Proceedings of the Philosophy of Education Society of Great Britain,* 3, Enero.
CARR, D. (1978). "Practical pursuits and the curriculum", *Journal of the Philosophy of Education,* 12, pp. 69-80.
——— (1981). "Knowledge in practice", *American Philosophic Quarterly,* 18, 1, Enero, pp. 53-61.
CARROLL, R. (1982). "Examination and curriculum change in plysical education", *Physical Education Review,* 5, 1, pp. 26-36.
CHAPMAN, O. M. (1972). "Creative dance: Some implications of the concept", *The Laban Art of Movement Guild Magazine,* 49, Noviembre, pp. 15-19.
COLLINSON, D. (1973). "Aesthetic education", en Langford, G. y O'Connor, D. J. (eds.), *New Essays in the Philosophy of Education,* Londres, Routledge & Kegan Paul.
CORBIN C. B. y LINDSEY, R. (1984). *Fitness for Life,* Glenview, IL, Scott Foresman and Co.
CRONBACH, L. J. (1963). "Evaluation for course improvement, *Teacher's College Record,* 64, pp. 672-83.
CURL, G. F. (1976). "The skilful: A major sector of the aesthetic", *Momentum,* 1, 1, primavera.
——— (1980). Commentary given at a lecture at Dunfermline College, Edimburgo.
CURTIS, B. L. (1977). "Teaching to and teaching that", *Education Review,* Febrero, pp. 83-96.

DAVIS, E. C. (1961). *The Philosophic Process in Physical Education,* Filadelfia, PA, Lea & Febiger.
DAVIES, I. K. (1976). *Objectives in Curriculum Design,* Londres, McGraw-Hill Company (UK) Ltd.
DEARDEN, R. F. (1968). *The Philosophy of Primary Education,* Londres, Routledge & Kegan Paul.
——— (1969). "The concept of play", en Peters, R. S. (ed.), *The Concept of Education,* Londres, Routledge & Kegan Paul.
——— (1975). "Happiness and education", en Dearden, R. F., Hirst, P. H. y Peters, R. S. (eds.), *A Critique of Current Educational Aims,* Londres, Routledge & Kegan Paul.
——— (1976). *Problems in Primary Education,* Londres, Routledge & Kegan Paul.
DELATTRE, E. J. (1975). "Some reflections on success and failure in competitive athletics", *Journal of the Philosophy of Sport,* 2, pp. 131-9.
DEWEY, J. (1900). *The School and Society,* Chicago, IL, Universidad de Chicago. (Trad. cast.: *La escuela y la sociedad,* Madrid, Beltrán, 1929.)
——— (1916). *Democracy and Education,* Nueva York, Macmillan. (Trad. cast.: *Democracia y Educación,* Buenos Aires, Losada, 1982.)
——— (1958). *Art as Experience,* Nueva York, Capricorn Books, pp. 61-2.
DUNLOP, F. (1975). "Bailey on games, winning and education", *Cambridge Journal of Education,* 5, 3, Michaelmas, pp. 153-60.
——— (1984). *The Education of Feeling and Emotion,* Londres, George Allen & Unwin.

EISNER, E. W. (1975). "Instructional an expressive objectives", en Golby, M., Greenwald, J. y West, R. (eds.), *Curriculum Design,* Londres, Open University Press.
ELLIOTT, R. K. (1971). "Versions of creativity", *Proceedings of the Philosophy of Education Society,* 5, 2, pp. 139-52.

ELLIOTT, R. K. (1972). "The critic and lover of art", en Mays, W. y Brown, S. C. (eds.), *Linguistic Analysis and Phenomenology,* Londres, Macmillan.

FARSON, R. (1978). "The technology of humanism", *Journal of Humanistic Psychology.*

FIELDING, M. (1976). "Against competition", *Proceedings of the Philosophy of Education Society of Great Britain,* X, Julio, pp. 124-46.

FISHER, M. (1972). "Sport as an aesthetic experience", en Gerber, E. W. (ed.), *Sport and the Body,* Filadelfia, PA, Lea & Febiger.

FLIEGLER, L. (1961). "Dimensions of the creative process", en Andrews, M. (ed.), *Creativity and Psychological Health,* Syracuse, NY, Syracuse University.

FOSTER, J. (1971). *Creativity and the Teacher,* Londres, Macmillan.

FRALEIGH, W. F. (1975). "Sport-purpose", *Journal of the Philosophy of Sport,* 2, pp. 74-82.

——— (1982). "Why the good foul is not good enough", *Journal of Physical Education, Recreation and Dance,* 53, Enero.

——— (1984). *Right Actions in Sport: Ethics for Contestants,* Champaign, IL, Human Kinetic Publishers.

FREISEN, J. (1975). "Perceiving dance", *Journal of Aesthetic Education,* 9, 4, Octubre.

GALLIE, W. B. (1955-56). "Essentially contested concepts", *Proceedings of the Aristotelian Society,* 16, pp. 167-98.

——— (1964). *Philosophy and Historical Understanding,* Londres, Chatto & Windus.

GARFORTH, F. W. (1985). *Aims, Values and Education,* Hull, Christygate Press.

GENSEMER, R. E. (1985). *Physical Education: Perspectives, Enquiry Applications,* Nueva York, W. H. Saunders.

GHISELIN, B. (1952). *The Creative Process,* Nueva York, New American Library.

GINGELL, J. (1975). "Perceiving dance", *Journal of Aesthetic Education,* 9, 4, Octubre.

GLASS, G. V. (1978). "Standards and criteria", *Journal of Educational Measurement,* 15, pp. 237-61.

GOODMAN, P. (1971). *Compulsory Miseducation,* Harmondsworth, Penguin. (Trad. cast.: *La des-educación obligatoria,* Barcelona, Fontanella, 2ª ed., 1976.)

GRICE, G. R. (1967). *The Grounds of Moral Judgement,* Nueva York, Cambridge University Press, Capítulo 4.

HARE, R. M. (1981). *Moral Thinking,* Nueva York, Clarendon Press.

HARPER, W. (1977). *The Philosophic Process in Physical Education,* Filadelfia, Lea y Febiger.

HARROW, A. J. (1972). *A Taxonomy of the Psychomotor Domain: A Guide for Developing Behavioural Objectives,* Nueva York, David McKay Company Inc. (Trad. cast.: *Taxonomía del ámbito psicomotor,* Alcoy, Marfil, 1978.)

HEPBURN, R. W. (1975). "The arts and the education of feeling and emotion" en Dearden, R. F., Hirst, P. H. y Peters, R. S. (eds.), *Education Reason,* Londres, Routledge & Kegan Paul.

HERRIGELL, E. (1971). *Zen in the Art of Archery,* Nueva York, Vintage Books.

HIRST, P. H. (1969). "The logic of the curriculum", *Journal of Curriculum Studies,* 1, p. 143.

——— (1974). *Knowledge and the Curriculum,* Londres, Routledge & Kegan Paul.

——— (1979). "Human movement, knowledge and education", *Journal of the Philosophy of Education,* 13, pp. 101-8.

HIRST, P.H. y PETERS, R.S. (1970). *The Logic of Education,* Londres, Routledge & Kegan Paul.
HOLT, M. (1981). *Evaluating the Evaluators,* Londres, Hodder & Stoughton.
HOSPERS, J. (1967). *An Introduction to Philosophical Analysis,* Londres, Routledge & Kegan Paul. (Trad. cast.: *Introducción al análisis filosófico,* Madrid, Alianza, 2ª ed., 1984.)
——— (1985). *Human Conduct: Problems of Ethics,* Nueva York, Harcourt Brace Jovanovich.
HUIZINGA, J. (1970). *Homo Ludens,* Londres y Boulder, CO, Paladin. (Trad. cast.: *Homo Ludens,* Madrid, Alianza, 3ª ed., 1987.)
HUXLEY, A. (1969). *Ends and Means: An Enquiry into the Nature of Ideal and into the Methods of Their Realisation,* Londres, Chatto & Windus.

ILLICH, I. (1973). *Deschooling Society,* Harmondsworth, Penguin. (Trad. cast.: *La sociedad desescolarizada,* Barcelona, Barral, 4ª ed., 1978.)
INTERNATIONAL SKATING UNION (1973-75). *Regulations.*

JEWETT, A.E. y BAIN, L.L. (1985). *The Curriculum Process in Physical Education,* Dubuque, 10, W.C. Brown.

KAELIN, E.F. (1966). *An Existentialist Aesthetic,* Londres, University of Wisconsin Press.
——— (1979). "The well played game: Towards an aesthetics of sport", en Gerber, E.W. y Morgan, W.J. (eds.), *Sport and the Body,* Filadelfia, PA, Lea & Febiger.
KANE, J.E. (1974). *Physical Education in Secondary Schools,* Londres, Schools Council Research Studies, Macmillan.
——— (1976). *Curriculum Development in Physical Education,* Londres, Crosby, Lockwood, Staples.
KANT, E. (1960). *Education,* traducida por Churton, G.A., University of Michigan Press. (Trad. cast.: *Pedagogía,* Madrid, Akal, 1983.)
KEATING, J.W. (1979). "Sportsmanship as a moral category", en Gerber, E.W. y Morgan, W.J. (eds.), *Sport and the Body,* 2ª ed., Filadelfia, PA, Lea & Febiger.
——— (1973). "The ethics of competition and its relation to moral problems in athletics", en Osterhoude, R.G. (ed.), *The Philosophy of Sport,* Springfield, IL, Charles Thomas.
KEENAN, F. (1973). "The athletic contest as a 'tragic' form of art", en Osterhoudt, R.G. (ed.), *The Philosophy of Sport,* Springfield, IL, Thomas.
——— (1975). "Justice and sport", *Journal of the Philosophy of Sport,* 2, pp. 111-23.
KENYON, G.S. (1968). "A sociology of sport: On becoming a sub-discipline", en Brown, R.C. y Cratty, (eds.), *New Perspectives of Man in Action,* Englewood Cliffs, NJ, Prentice Hall.
KERR, J.F. (1969). *Changing the Curriculum,* Londres, University of London Press, p. 16.
KEW, F.C. (1978). "Values in competitive games", *Quest,* 29, pp. 103-13.
KIRCHNER, G. (1985). *Physical Education for Elementary School Children,* Dubuque, 10, W.C. Brown.
KIRK, G. (1986). *The Core Curriculum,* Londres, Hodder & Stoughton. (Trad. cast.: *El curriculum básico,* Barcelona, Paidós-M.E.C., 1989.)

KNELLER, G. F. (1967). *The Art and Science of Creativity,* Nueva York, Holt, Rinehart & Winston.
KOHLBERG, L. (1971). "Stages of moral development as a basis for moral education", en Beck, C. M., Crittenden, B. S. y Sullivan, E. S. (eds.), *Moral Education — Interdisciplinary Approaches,* Ontario, University of Toronto Press.
KOLNAI, A. (1965-66). "Games and aims", *Proceedings of the Aristotelian Society,* pp. 103-8.
KRATWOHL, D. R. y cols. (1956). *Taxonomy of Educational Objectives: Handbook II: The Affective Domain,* Nueva York, David McKay Company Inc. (Trad. cast.: *Taxonomía de los objetivos de la educación. Clasificación de las metas educativas,* Tomo II: *Ambito de la afectividad,* Alcoy, Marfil, 2ª ed., 1975.)

LABAN, R. (1963). *Modern Educational Dance,* 2ª ed., revisada por Ullman, L. Nueva York, Frederick A. Praeger. (Trad. cast.: *Danza educativa moderna,* Barcelona, Paidós, 1985.)
LANGFORD, G. (1968). *Philosophy and Education,* Londres, Macmillan.
LARSON, L. A. (1976). *Foundations of Physical Activity,* Nueva York, Macmillan.
LAWTON, D. (1973). *Social Change, Educational Theory and Curriculum Planning,* Londres, University of London Press.
——— (1980). *The Politics of the School Curriculum,* Londres, Routledge & Kegan Paul.
LEHMAN, C. (1981). "Can cheaters play the game?", *Journal of the Philosophy of Sport,* 7, pp. 41-6.
LOGSDON, B. J. y cols. (1984). *Physical Education for Children,* Filadelfia, PA, Lea and Febiger.
LOWE, B. (1977). *The Beauty of Sport,* Nueva York, Prentice Hall.
LUCAS, J. R. (1959). "Moralists and gamesmen", *Philosophy,* 34, II, pp. 1-11.
LUFF, I. V. (1980). "Curriculum evaluation: A neglected process", *Physical Education Review,* 3, 1.
LYONS, N. P. (1983). "Two perspectives: On self, relationships and morality", *Harvard Educational Review,* 53, Mayo, pp. 125-45.

MACLURE, S. (1983). "Growing up in the eighties", *Times Educational Supplement,* 26, Agosto, p. 2.
MAGER, R. F. (1962). *Preparing Instructional Objectives,* Belmont-Feuson, p. 13. (Trad. cast.: *Formulación operativa de objetivos didácticos,* Madrid, Marova, 3ª ed., 1977.)
MAHEU, R. (1962). "Sport and culture", *International Journal of Adult and Youth Education,* 14, 4.
MARAJ, J. A. (1965). "Physical education and character", *Education Review,* 17, 2, Febrero.
MARTIN, J. R. (1981). "Needed: A new paradigm for liberal education", en Soltis, J. F. (ed.), *Philosophy and Education, 80th Year Book, NSEE,* Chicago, IL, University of Chicago Press.
MEAKIN, D. C. (1981). "Physical education: An agency of moral education?", *Journal of the Philosophy of Education,* 15, 2, pp. 241-53.
——— (1982). "Moral values and physical education", *Physical Education Review,* 5, 1, pp. 62-82.
——— (1963). "On the justification of physical education", *Momentum,* 8, 3, otoño, pp. 10-18.

MEAKIN, D. C. (1986). "The moral status of competition", *Journal of the Philosophy of Education,* 20, 1, pp. 59-67.
MCINTOSH, P. (1979). *Fair Play: Ethics in Sport and Education,* Londres, Heinemann.
MCINTYRE, A. (1971). *Against the Self Images of the Age,* Londres, Duckworth.
MERLEAU-PONTY, M. (1949). *La Structure du Comportement,* París, Presses Universitaires de Paris.
METHENY, E. (1965). *Connotations of Movements in Sport and Dance,* Dubuque, IO, Brown.
MIDGLEY, M. (1974). "The game game", *Philosophy,* 49, pp. 231-53.
MORRIS, S. (ed.) (1979). *The Book of Strange Facts and Useless Information,* Nueva York, Dolskin.
MORRISON, R. (1969). *A Movement Approach to Educational Gymnastics,* Londres, J. M. Dent & Son.

NIKLAUS, J. (1974). *Golf My Way,* Nueva York, Simon & Schuster.
NISBET, S. (1972). *Purpose in the Curriculum,* Londres, University of London Press.
NIXON, J. E. y JEWETT, A. E. (1980). *An Introduction to Physical Education,* Saunders College, Filadelfia, PA, Holt, Rinehart & Winston.
NORTH, M. (1973). *Movement Education,* Londres, Temple Smith.

OAKESHOTT, M. (1962). *Rationalism in Politics,* Londres, Methuen.
O'HEAR, A.(1981). *Education, Society and Human Nature,* Londres, Routledge & Kegan Paul.
OLDFIELD, R. S. (1959). "The analysis of human skill", en Halmos, P. e Iliffe, A. (eds.), *Readings in General Psychology,* Londres, Routledge & Kegan Paul.
OLFORD, J. E. (1971). "The concept of creativity", *Proceedings of the Philosophy of Education Society,* 5, pp. 77-95.
Open University (1972). *Curriculum Philosophy and Design,* curso E283, unidades 6-8.
——— (1976). *Rationality and Artistry,* curso E203, unidades 16-18.
OZMAN, H. A. y CRAVER, S. M. (1981). *Philosophical Foundations of Education,* Columbus, OH, Bell & Howell.

PARLETT, M. y HAMILTON, D. (1975). "Evaluation as illumination", en Tawney, D. (ed.), *Curriculum Evaluation Today: Trends and Implications,* Londres, Schools Council Research Studies, Macmillan. (Trad. cast.: "La evaluación como iluminación", en Gimeno, J. y Pérez A.: *La enseñanza: su teoría y su práctica,* Madrid, Akal, pp. 450-66, 1983.)
PERRY, L. R. (1975). "Competition and cooperation", *British Journal of Educational Studies,* XXIII, 2, Junio.
PETERS, R. S. (1963). *Authority, Responsibility and Education,* Londres, Allen & Unwin.
——— (1966). *Ethics and Education,* Londres, George Allen & Unwin.
——— (1973a). "Aims of education", en Peters, R. S. (eds.), *The Philosophy of Education,* Londres, Oxford University Press, pp. 11-29.
——— (1973b). "The justification of education", en Peters, R. S. (ed.), *The Philosophy of Education,* Londres, Oxford University Press, pp. 239-67. (Trad. cast.: "La justificación de la educación", en Peters, R. S.: *Filosofía de la educación,* México, Fondo de Cultura Económica, pp. 425-76, 1977.)
——— (1975). "The education of the emotions", en Dearden, R. F., Hirst, P. H. y Peters, R. S., *Education and Reason,* Londres, Routledge & Kegan Paul.

PETERS, R.S. (1981a). "Moral education and the psychology of character", en Peters, R.S. (ed.), *Moral Development and Moral Education,* Londres, George Allen & Unwin.

——— (1981b). "Democratic values and educational aims", en Peters, R.S. (ed.), *Essays on Educators,* Londres, George Allen & Unwin.

PHENIX, P.H. (1970). "Relationship in dance to other art forms", en Haberman, M. y Meisel, T.G. (eds.), *Dance an Art in Academe,* Nueva York, Teachers College Press.

PLATÓN (1955). *The Republic,* traducción de Lee, H.D.P., Harmondsworth, Penguin. (Trad. cast.: *La República,* Madrid, Aguilar, 3ª ed., 1968.)

POLANYI, M. (1973). *Personal Knowledge,* Londres, Routledge & Kegan Paul.

POPHAM, W.J. y cols. (1969). *Instructional Objectives,* Chicago, IL, American Educational Research Association, serie monográfica sobre "Curriculum Evaluation", 3.

PRING, R. (1976). *Knowledge and Schooling,* Londres, Open Books.

——— (1981). "Monitoring performance: Reflections on the Assessment of Performance Unit", en Lacey, C. y Lawton, D. (eds.), *Issues in Evaluation and Accountability,* Londres, Methuen, pp. 156-88.

——— (1984). *Personal and Social Education in the Curriculum,* Londres, Hodder & Stoughton.

PRVULOVICH, Z.R. (1982). "In defense of competition", *Journal of the Philosophy of Education,* 16, 1, pp. 77-88.

RAWLS, J. (1958). "Justice as fairness", *The Philosophy Review,* LXVII, 2, Abril.

——— (1972). *A Theory of Justice,* Oxford, Oxford University Press. (Trad. cast.: *Teoría de la justicia,* Madrid, Fondo de Cultura Económica, 1979.)

REDFERN, H.B. (1983). *Dance, Art and Aesthetics,* Londres, Dance Books Limited.

——— (1984). *Concepts in Modern Educational Dance,* Londres, Kimpton.

——— (1986). *Questions in Aesthetic Education,* Londres, Allen & Unwin.

REID, L.A. (1961). *Ways of Knowledge and Experience,* Londres, Allen & Unwin.

——— (1979). "Knowledge, aesthetic insight and education", *Proceedings of the Philosophy of Education Society of Great Britain,* 7, 1, pp. 66-84.

——— (1986). *Ways of Understanding and Education,* Londres, Heinemann.

REIMER, B. (1970). *A Philosophy of Music Education,* Nueva York, Prentice Hall.

REIMER, E. (1971). *School is Dead,* Nueva York, Doubleday.

RIVENES, R.S. (1978). *Foundations of Physical Education,* Boston, Houghton Mifflin.

RYLE, G. (1949). *The Concept of Mind,* Oxford, Blackwell.

——— (1975). "Can virtue be taught?", en Dearden, R.F., Hirst, P.H. y Peters, R.S. (eds.), *Education and Reason,* Londres, Routledge & Kegan Paul.

SAGE, G. (1984). *Motor Learning and Control,* Dubuque, IO, W.C. Brown.

SALVAN, J. (1966). *To Be and Not To Be,* Wayne State University Press.

SATTERLY, D. (1981). *Assessment in Schools,* Oxford, Blackwell.

SCHILLING, M. (1986). "Knowledge and liberal education: A critique of Paul Hirst", *Journal of Curriculum Studies,* 18, 1, pp. 1-16.

SCHMITZ, K.L. (1979). "Sport and play: Suspension of the ordinary", en Gerber, E.W. y Margan, W.J. (eds.), *Sport and the Body,* 2ª ed., Filadelfia, PA, Lea & Febiger.

Schools Council (1982). *Examinations in Physical Education and Related Areas,* Londres, Schools Council.

SCOTT, J. (1973). "Sport and the radical ethic", *Quest,* 19, Enero, pp. 71-7.

Scottish Central Committee on Physical Education (1985). *A Framework for Assessment,* documento multicopiado, Edimburgo, Scottish Central Committee on Physical Education, Agosto.

Scottish Committee on Expressive Arts in the Primary School (1983). *Towards a Policy for expressive Arts in the Primary School,* Edimburgo, Scottish Committee on Expressive Arts in the Primary School.

Scottish Education Department (1977). *The Structure of the Curriculum* (The Munn Report), Edimburgo, HMSO.

SHEA, E. J. (1978). *Ethical Decisions in Physical Education and Sport,* Springfield, IL, C. Thomas.

SIMON, R. L. (1985). *Sports and Social Values,* Englewood Cliffs, NJ, Prentice Hall.

SIMONS, H. (1981). "Process accountability in schools", en Lacey, C. y Lawton, D. (eds.), *Issues in Evaluation and Accountability,* Londres, Methuen, pp. 114-44.

SINGER, R. H. (1980). *Motor Learning and Human Performance,* Nueva York, Macmillan.

SKILBECK, M. (1980). *Evaluating the Curriculum in the 80s,* Londres, Hodder & Stoughton.

SLUSHER, H. (1967). *Man, Sport and Existence,* Filadelfia, PA, Lea & Febiger.

SOCKETT, H. (1976). *Designing the Curriculum,* Londres, Open Books.

——— (1979). "The concept of curriculum innovation", en Open University *Curriculum Evaluation,* unidades 19, 20 y 21 del curso E203 sobre "Curriculum design and development", Milton Keynes, Open University Press.

——— (1980). *Accountability in the English Education System,* Londres, Hodder & Stoughton.

STENHOUSE, L. (1970-71). "Some limitations of the use of objectives in curriculum research and planning", *Paedagogica Europa,* 6.

——— (1978). *An Introduction to Curriculum Research and Development,* Londres, Heinemann. (Trad. cast.: *Investigación y desarrollo del curriculum,* Madrid, Morata, 2ª ed., 1987.)

STOLNITZ, J. (1960). *Aesthetics and Philosophy of Art Criticism,* Houghton Mifflin

——— (1973). "The artistic values in aesthetic experience", *Journal of Aesthetic and Art Criticism,* 32, 1.

STRAUGHAN, R. y WRIGLEY, J. (eds.) (1980). *Values and Evaluation in Education,* Londres, Harper & Row.

STRAWSON, P. F. (1967). "Aesthetic appraisal and works of art", *Oxford Review,* pp. 5-13.

TABA, H. (1962). *Curriculum Development,* Nueva York, Harcourt Brace & World. (Trad. cast.: *Elaboración del currículo. Teoría y práctica,* Buenos Aires, Troquel, 3ª ed., 1977.)

THOMPSON, K. (1975). "The point of an activity", *Cambridge Journal of Education,* 5, 3, Michaelmas.

——— (1983). "The justification of physical education", *Momentum,* 8, 2, otoño, pp. 19-23.

TYLER, R. W. (1971). *Basic Principles of Curriculum and Instruction,* Chicago, IL, University of Chicago Press. (Trad. cast.: *Principios básicos del currículo,* Buenos Aires, Troquel, 2ª ed., 1977.)

URMSON, J. O. (1958). "Saints and heroes", en Melden, A. I. (ed.), *Essays in Moral Philosophy,* Seattle, WA, University of Washington Press.

VERNON, P. E. (ed.) (1972). *Creativity,* Londres, Penguin Books.

WALLAS, G. (1926). *The Art of Thought,* Nueva York, Harcourt Brace & World.

WALLER, D. y GILROY, A. (1978). *Ideas in Art Therapy,* Londres, British Association of Art Therapy.

WARNOCK, M. (1977). *Schools of Thought,* Londres, Faber & Faber.

WEITZ, M. (1970). "The role of theory in aesthetics", en Weitz, M. (ed.), *Problems in Aesthetics,* 2ª ed., Toronto, Macmillan.

WHITE, J. (1971). "The concept of curriculum evaluation", *Journal of Curriculum Studies,* 3, 2, Noviembre.

WHITE, J. P. (1973). *Towards a Compulsory Curriculum,* Londres, Routledge & Kegan Paul.

——— (1975). "Creativity and education: A philosophical analysis", en Dearden, R. F., Hirst, P. H. y Peters, R. S. (eds.), *A Critique of Current Educational Aims,* Londres, Routledge & Kegan Paul.

——— (1982). *The Aims of Education Restated,* Londres, Routledge & Kegan Paul.

WHITE, J. R. (ed.) (1966). "Gymnastics", *Sports Rules Encyclopaedia,* pp. 293-4.

WILLIAMS, B. (1976). "Persons, character and morality", en Rorty, A. O. (ed.), *The Identity of Persons,* Berkeley, CA, University of California Press.

WILLIAMS, N. (1981). "An eclectic approach to evaluation", en Lacey, C. y Lawton, D. (eds.), *Issues in Evaluation and Accountability,* Londres, Methuen.

WILSON, J. (1970). *Moral Thinking,* Londres, Heinemann.

———, WILLIAMS, N. y SUGARMAN, B. (1967). *Introduction to Moral Education,* Harmondsworth, Penguin.

WILSON, P. (1980). "Aesthetic education and the compulsory curriculum", *Journal of Curriculum Studies,* 12, 1, pp. 29-39.

WITTGENSTEIN, L. (1953). *Philosophical Investigations,* Oxford, Blackwell. (Trad. cast.: *Investigaciones filosóficas,* Barcelona, Crítica, 1988.).

WRIGHT, D. (1971). *The Psychology of Moral Behaviour,* Harmondsworth, Penguin.

ZEIGLER, E. F. (1964). *Philosophical Foundations for Physical, Health and Recreation Education,* Englewood, Cliffs, NJ, Prentice Hall.

——— (1978). *An Introduction to the Philosophy of Physical Education and Sport,* Champaign, IL, Stipes Publishing Co.

INDICE DE AUTORES

INDICE DE MATERIAS

OTRAS OBRAS DE EDICIONES MORATA DE INTERES

Bakeman, R. y Gottman, J. M.: *Observación de la interacción,* 1989.
Bale, J.: *Didáctica de la geografía en la escuela primaria,* 1989.
Baudelot, Ch. y Establet, R.: *El nivel educativo sube,* 1990.
Bennett, N.: *Estilos de enseñanza y progreso de los alumnos,* 1979.
Browne, N. y France, P.: *Hacia una educación infantil no sexista,* 1988.
Bruner, J.: *Desarrollo cognitivo y educación,* 1988.
Serie Bruner: *El desarrollo en el niño* (18 volúmenes).
Cook, T. D. y Reichardt, Ch.: *Métodos cualitativos y cuantitativos en investigación educativa,* 1986.
Decroly, O.: *El juego educativo* (2.ª ed.), 1986.
Donaldson, M.: *La mente de los niños* (2.ª ed.), 1984.
Driver, R., Guesne, E. y Tiberghien, A.: *Ideas científicas en la infancia y la adolescencia,* 1989.
Elliott, J.: *La investigación-acción en educación,* 1990.
Fernández Pérez, M.: *Evaluación y cambio educativo: el fracaso escolar* (2.ª ed.), 1988.
Gimeno Sacristán, J.: *El curriculum: una reflexión sobre la práctica* (2.ª ed.), 1989.
– *La pedagogía por objetivos: obsesión por la eficiencia* (5.ª ed.), 1988.
Goetz, J. P. y LeCompte, M. D.: *Etnografía y diseño cualitativo en investigación educativa,* 1988.
Harlen, W.: *Enseñanza y aprendizaje de las ciencias,* 1989.
Kemmis, S.: *El curriculum: más allá de la teoría de la reproducción,* 1988.
Loughlin, C. E. y Suina, J. H.: *El ambiente de aprendizaje: diseño y organización,* 1987.
Maigre, A. y Destrooper, J.: *La educación psicomotora* (3.ª ed.), 1984.
Moyles, J. R.: *El juego en la educación infantil y primaria,* 1990.
Orton, A.: *Didáctica de las matemáticas,* 1990.
Piaget, J.: *Psicología del niño* (12.ª ed.), 1984.
– *La representación del mundo en el niño* (6.ª ed.), 1984.
– *La toma de conciencia* (3.ª ed.), 1985.
Pozo, J. I.: *Teorías cognitivas del aprendizaje,* 1989.
Saunders, R. y Bingham-Newman, A. M.: *Perspectivas piagetianas en la educación infantil,* 1989.
Selmi, L. y Turrini, A.: *La escuela infantil a los tres años,* 1988.
– y – *La escuela infantil a los cuatro años,* 1988.
– y – *La escuela infantil a los cinco años,* 1988.
Stenhouse, L.: *Investigación y desarrollo del curriculum* (2.ª ed.), 1987.
– *La investigación como base de la enseñanza,* 1987.
Tann, C. S.: *Diseño y desarrollo de unidades didácticas en la escuela primaria,* 1990.
Walker, R.: *Métodos de investigación para el profesorado,* 1989.

TABLA DEL SISTEMA EDUCATIVO BRITANICO

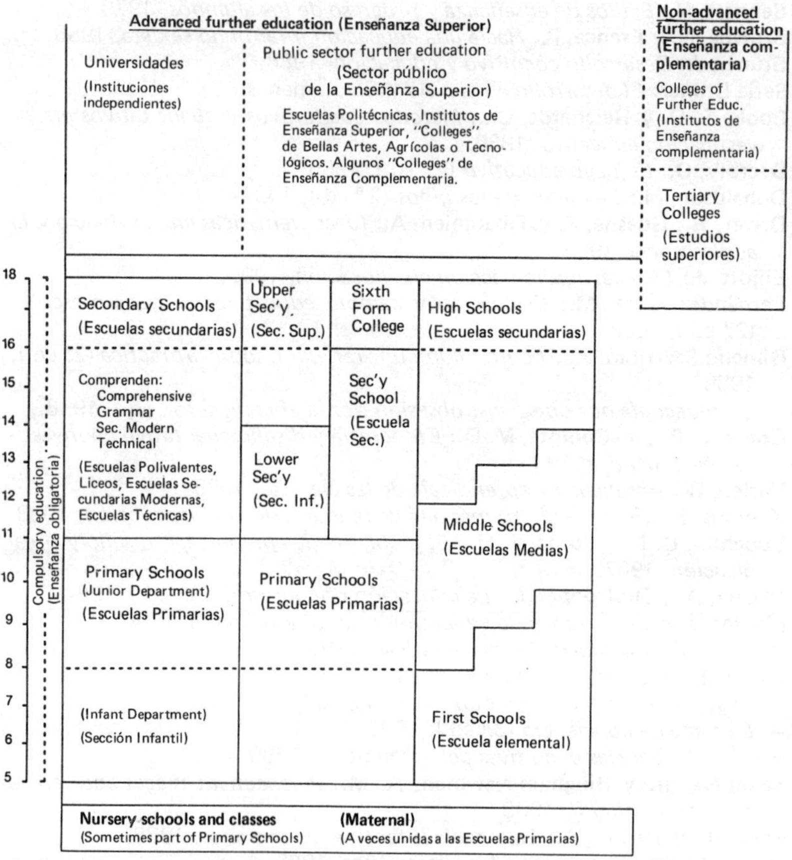

Fuente: EURYDICE UK (London) Unit.

NOTAS